I0423752

MON REVENU
DE BASE

THIERRY CROUZET

MON REVENU DE BASE

DU MÊME AUTEUR

La mécanique du texte, essai, 2015
Clitoria, roman, 2014
Ératosthène, roman, 2014
Le confin du mode, récit, 2014
Le Geste qui sauve, récit, 2014
La Quatrième Théorie, roman, 2013
Baby-Foot, récit, 2012
J'ai débranché, récit, 2012
Ya Basta, essai, 2011
Bit, Sex and Bug, roman, 2011
La stratégie du cyborg, essai, 2010
J'ai eu l'idée, poésie, 2010
La tune dans le caniveau, roman, 2010
L'alternative nomade, essai, 2010
Genius Locus, roman, 2009
Le cinquième pouvoir, essai, 2007
Le peuple des connecteurs, essai, 2006

tcrouzet.com

(cc) by-nc-nd, 2010-20016, Thaulk & Thierry Crouzet

En quelques années, le revenu de base est passé de l'utopie farfelue au politiquement correct. Je rassemble les articles que j'ai écrits sur le sujet entre 2010 et 2016. Ils illustrent ma prise de conscience ainsi que certaines critiques. Je les introduis avec une préface inédite, écrite à l'automne 2014 et qui aurait dû me servir de canevas pour une conférence que je n'ai jamais donnée. J'y raconte l'origine de mon engagement.

Ma vie avec un revenu de base

Novembre 2014

Je ne suis ni un théoricien du revenu de base, ni un militant du MFRB (mouvement français pour un revenu de base). Je suis plutôt un expérimentateur. Je voudrais vous raconter comment j'en suis venu à soutenir cette proposition d'un revenu pour tous, inconditionnel de la naissance à la mort. Je vais donc parler de moi. Essayer de vous montrer comment mes idées se sont mises en place au fil des années.

*

Mes parents n'ont pas fait d'étude, mon père était patron-pêcheur, ma mère pour l'essentiel s'occupait de la famille. J'ai fait des études supérieures un peu par hasard, parce que ce n'était pas trop difficile.

En 1987, quand j'ai décroché un diplôme d'ingénieur, je n'ai jamais entendu parler du revenu de base, et encore moins du salaire minimum de vie proposé dès 1796 par Thomas Paine. J'étais de droite. Je croyais à la méritocratie. Pour moi, la réussite ne dépendait que de notre volonté. J'avais une conception naïve de la liberté, que je supposais une ressource inépuisable également répartie entre tous.

Rien de ce que je vivais ne m'incitait à penser autrement. Quand j'ai cherché du travail pour la première fois en 1988, il m'a suffi d'envoyer dix candidatures pour obtenir sept offres d'embauche. Le Sida me préoccupait plus que le chômage.

Très vite, j'ai très bien gagné ma vie. Je suis devenu rédacteur-en-chef d'un journal d'informatique, puis d'un second. Je prenais l'avion comme d'autres le métro. Quand j'avais envie de quelque chose, je l'achetais. Tout était presque parfait, sauf dans un domaine, et c'est très important pour comprendre la suite, j'avais des prétentions littéraires. J'écrivais des romans systématiquement refusés par les éditeurs. Mon bel édifice commençait à se craqueler, le monde ne se pliait plus à ma volonté, si bien qu'à force de vouloir être écrivain et rien d'autre, je suis devenu insupportable pour mes collègues de bureau et j'ai fini par me faire licencier en 1994 (et même par me faire plaquer). Pour me consoler, j'ai touché un gros chèque et le chômage.

J'avais 30 ans. Un ami journaliste américain m'a proposé de rejoindre son équipe en Californie. J'ai hésité entre deux possibilités.

1/ M'acheter un appartement à Paris, j'avais accumulé en 6 ans de vie professionnelle assez de cash, et retrouver un travail salarié.

2/ Prendre du temps pour moi, pour écrire, lire, voyager, attendre d'y voir plus clair, tant que je toucherais le chômage.

En d'autres mots, j'avais le choix entre « une vie respectable » et « une vie de profiteur » selon la définition des gens de droite dont je commençais à m'éloigner.

Comme je suis en train de vous raconter tout ça, il n'est pas difficile de deviner que j'ai choisi la liberté. Beaucoup de gens m'ont critiqué, à commencer par mes parents. En quelque sorte, je gâchais leur rêve. Je n'allais pas devenir ce grand ingénieur de France Telecom. Pour eux, et même pour mes amis, ma décision n'était pas acceptable. Se retrouver au chômage était une sorte de déchéance sociale. Se maintenir volontairement dans cet état était pour eux incompréhensible. L'écriture n'était qu'une lubie.

Plus on m'a critiqué, plus j'ai persévéré, je suis comme ça. J'ai appris à dépenser moins, j'ai même fait des économies. J'ai assisté à des conférences au Collège de France, j'ai passé mon temps dans les musées et les cafés. Je continuais d'écrire sans succès. C'était le début du Web. Je n'en perdais pas une miette.

Je ne dormais pas plus que quand j'étais salarié, je ne faisais pas moins de choses, je faisais simplement des choses différentes, surtout des choses qui avaient du sens pour moi. J'avais même l'espoir qu'elles finissent par avoir du sens pour les autres. Je n'ai jamais eu l'impression d'être un poids mort pour la société.

En 1996, j'ai l'idée d'écrire une nouvelle génération de guides de vulgarisation sur les outils de bureautique et sur Internet. Les premiers livres sont sortis en 1997, au moment où mon chômage cessait.

Dès ce moment, je suis conscient que ma période de liberté a été féconde. J'ai beaucoup écrit pour ma littérature, j'ai lu les philosophes et j'ai eu l'idée de guides qui allaient peut-être rendre service à pas mal de gens. En théorie, j'avais été improductif, mais en vérité c'était tout le contraire. Sans ce revenu de base provisoire qu'aura été pour moi le chômage, je n'aurais jamais pu réorienter ma vie et quitter définitivement le monde du salariat.

Enseignement 1 *Quand nous touchons un revenu de base, nous gagnons en liberté. Nous ne pouvons plus être des employés serviles. Voici mon hypothèse, appuyée sur ma seule expérience: le revenu de base entraînera mécaniquement une diminution du nombre de salariés au profit de travailleurs indépendants. Ça peut faire peur au patronat.*

À la fin des années 1990, j'ai eu encore une fois de la chance. Mes guides informatiques se vendaient merveilleusement bien. Il me suffisait de travailler deux trois mois par an pour générer un salaire de ministre. Le reste du temps, j'écrivais pour la postérité. En 1999, j'ai rencontré Isa. En 2000, on est parti vivre à Londres et j'ai commencé à m'intéresser à *Ératosthène*.

Il est connu pour avoir mesuré la Terre, mais beaucoup moins pour sa philosophie: le généralisme. Il se définissait comme un touche-à-tout. Quand un domaine le fatiguait, il en changeait. C'était un éclectique, un expert de rien. Plus je le découvrais, plus je me découvrais moi-même comme éclectique. Je comprenais aussi que je devais cette particularité à ma liberté.

Si j'étais resté journaliste, je serais devenu un expert de la presse et des médias. J'ai plutôt décidé de cultiver d'autres champs. Je connais bien la presse, mais l'informatique, la philosophie, l'art, la technologie, les sciences ou la littérature mieux que la plupart des journalistes.

Je suis moins journaliste qu'eux, mais beaucoup plus d'autres choses.

Enseignement 2 *Un revenu de base ferait de nous des généralistes, des individus difficilement classables dans une catégorie préalablement étiquetée. Il nous éloignerait du portrait type du soldat obéissant. Ce qui peut effrayer ceux qui prétendent gouverner la société.*

Ératosthène m'a fait comprendre que durant les époques de transition, la fin de la Grèce pour lui ou le début de l'âge numérique pour nous, les spécialités du passé se désagrègent et celles de l'avenir n'existent pas encore. Un généraliste a plus de chances d'être heureux. Il se sert dans les anciennes spécialités et s'invente celle qui ne vaut que pour lui. Ératosthène appela la sienne : géographie.

Enseignement 3 *Un revenu de base nous rend plus heureux dans une époque de grands bouleversements parce qu'il nous laisse une chance de nous y adapter, adaptation qui nécessite de longues années.*

J'ai toujours lu la littérature scientifique, mais durant mes années londoniennes j'ai dévoré tout ce que je trouvais sur la théorie de la complexité. C'est encore en lien avec Ératosthène. Pour étudier la complexité, il faut être généraliste et transversal. C'était alors un champ qui commençait à s'émanciper des sciences dures et à gagner les autres sciences, sauf à ma grande surprise les sciences politiques. C'est en faisant cette découverte que j'ai écrit en 2005 *Le peuple des connecteurs*, un manifeste «révolutionnaire» au sens ou il montre qu'on doit réorganiser la société sur de nouvelles bases.

On est connecteur si on privilégie les relations transversales aux relations verticales. Ainsi,m un généraliste ne peut qu'être un connecteur, puisqu'il s'arrache sans cesse aux ordres anciens.

On devient connecteur quand on a compris qu'il existe trois familles de problèmes.

1/ Les problèmes simples ont déjà été résolus ou le seront quand ils surviendront (calculer le périmètre d'un cercle).

2/ Les problèmes compliqués peuvent être subdivisés en sous-problèmes jusqu'à ce que chacun devienne simple (construire un avion).

3/ Les problèmes complexes ne peuvent pas être subdivisés en sous-problèmes (le réchauffement climatique).

L'approche hiérarchique, top-down, traditionnellement mise en œuvre dans les entreprises et les gouvernements, convient aux problèmes simples et compliqués. Elle échoue face aux problèmes complexes. Il faut les traiter autrement, par une approche plus transversale, plus décentralisée, une organisation en réseau, plus bottom-up, avec une multiplication des expérimentations puisque personne ne connaît *a priori* la solution miracle. En d'autres mots, on a besoin de plus d'intelligence collective.

Le peuple des connecteurs est sorti discrètement en 2006, suivi en 2007 du *Cinquième pouvoir* qui en explorait les conséquences immédiatement politique. C'est avec ce socle intellectuel que je m'apprêtais à plonger dans le revenu de base.

*

Côté familial, les choses avaient suivi leur cours. En 2000, on a construit une maison à Balaruc les Bains au bord de l'étang de Thau. En 2005 et 2007 sont nés nos deux fils. À cette époque, Internet n'avait plus besoin d'être vulgarisé et mes guides se vendaient plus. J'avais créé un site Web qui nous rapportait un peu d'argent, mais cette source aussi commençait à se tarir et mes livres intellos ne me rapportaient pas grand-chose. Il nous restait toutefois quelques économies, de quoi envisager l'avenir.

De son côté, Isa ne supportait plus de faire deux fois par mois le tour du monde au nom de sa multinationale. En 2008, elle a effectué le même choix que moi en 1994. Elle s'est fait licencier, avec deux ans de chômage devant elle pour se réinventer. Elle a subi les mêmes critiques. Les mentalités n'avaient guère évolué en quatorze ans.

Nous avons alors décidé de réduire notre niveau de vie et en même temps d'investir l'essentiel de nos économies dans l'immobilier. À partir de ce moment, grâce à nos loyers, nous avons commencé à simuler un revenu de base que nous devions compléter par nos activités. C'est alors qu'éclate la crise financière de 2007-2008. À cette occasion, j'ai découvert avec étonnement les mécanismes de l'argent-dette.

1/ Les banques centrales fabriquent de la monnaie interbancaire.

2/ Lorsque nous leur demandons des prêts, les banques commerciales fabriquent *ex nihilo* l'argent nécessaire.

3/ Comme elles nous demandent en plus de rembourser des intérêts, sommes non créées, il nous manque, à nous comme aux entreprises et aux États, toujours de l'argent pour rembourser nos dettes.

4/ La dette s'accroît exponentiellement.

5/ La crise est inévitable.

L'injustice d'un tel système m'a frappé. Pourquoi les banquiers avaient-ils le droit de créer de la monnaie? Pourquoi pas moi? Pourquoi je risquais des années d'emprisonnement si je les imitais? Les banquiers me sont alors apparus comme une nouvelle noblesse, avec des privilèges inacceptables dans une démocratie.

J'ai pris conscience que nous étions dans la même situation qu'avant l'abolition de l'esclavage. À cette époque, il était inconcevable pour les esclavagistes que la société puisse fonctionner sans esclaves, même pour beaucoup de gens qui ne profitaient pas directement de l'esclavage. Au début du XXIe siècle, soit les gens ignorent que les banques créent la monnaie *ex nihilo*, soit ils pensent que c'est inévitable. Il faut de toute évidence que ça change!

Dans *Le peuple des connecteurs*, je n'ai pas parlé de la création monétaire en particulier, mais j'ai évoqué une méthodologie qui peut nous aider à trouver une solution. Dans un environnement hautement complexe, il faut distribuer, transversaliser, répartir pour accroître l'intelligence collective. La solution s'impose : nous devons décentraliser la création monétaire, c'est-à-dire transférer cette compétence à chacun de nous plutôt que la laisser entre quelques mains. J'étais une seconde fois mûr pour m'intéresser au revenu de base dont Olivier Auber et Carole Fabre étaient déjà les avocats sur les réseaux sociaux.

Deux fils mènent donc à mon engagement :

1/ Je simule un revenu de base, j'en expérimente les bienfaits.

2/ Je suis un défenseur de l'égalité en droit.

*

Début 2009, comme chaque fois que je monte sur Paris, j'ai invité mes amis du Net à me retrouver autour d'un verre. Cette fois étaient présents Olivier Auber et Carole Fabre, mais aussi Stéphane Laborde qui commençait à réfléchir à sa *Théorie relative de la Monnaie (TRM)* et Stan Jourdan, futur chevalier européen du revenu de base, et Étienne Ayem, spécialiste des monnaies alternatives.

Ce soir là, Stéphane m'a fait comprendre qu'il est nécessaire de créer continûment de la monnaie pour que l'économie respire, une augmentation annuelle qui d'après les études empiriques doit avoisiner les 5 : de la masse monétaire (en déca c'est la récession, au-delà c'est l'inflation galopante). La raison de cette nécessité est assez simple : quand j'écris un nouveau livre, je n'enlève pas de la valeur aux livres antérieurs. Pour valoriser nos créations, nous avons besoin de davantage de monnaie.

Que les écologistes se rassurent. Créer de la monnaie n'implique pas une croissance matérielle nocive pour la biosphère (nous pouvons être destructeur même en étant en décroissance, imaginez une guerre atomique).

Il s'agit simplement de nous donner de l'air économique, des moyens d'échanger entre nous.

Stéphane m'a aussi fait comprendre pourquoi la monnaie s'est imposée dans l'histoire : elle favorise davantage les échanges que le troc ou que le simple don (sans contre-don). C'est une méthode plus fluide qui maximise les échanges et minimise la dépense d'énergie. Historiquement, nous avons d'un côté 1/ l'efficacité de la monnaie et 2/ la nécessité d'en créer sans cesse, alors les rois se sont mis au travail, puis les États, enfin les banques commerciales. Ce processus n'a aucune raison de s'arrêter en si bon chemin.

Enseignement 4 *Si nous distribuons mensuellement entre nous la nouvelle monnaie nécessaire au bon fonctionnement de l'économie, nous créons un revenu de base.*

Nous arrivons à cette conclusion avec simplement en tête un souci éthique. Nous voulons abattre la noblesse de robe de la finance. Au nom des droits des hommes et des femmes, les banquiers ne doivent plus avoir de privilèges. Et nous choisissons une distribution équitable entre tous plutôt qu'un retour à la création monétaire centralisée par l'État, parce que nous entrons dans une époque de totale complexité. Pas plus que l'information, la monnaie ne doit être sous l'emprise d'une entité centrale, hiérarchisée, autocratique, dont la structure même l'empêche d'affronter la complexité grandissante du monde.

C'est à chacun de décider où il investit son argent. Ainsi on favorisera la transversalité et la mise en réseau des individus.

*

Pendant ce temps, avec Isa, nous avons pris conscience que nous étions en train de simuler un revenu de base. C'était une version de privilégiés, de minuscules rentiers, mais elle nous permettait de mesurer pour nous les bénéfices que le revenu de base aurait pour tous. À commencer par la sensation d'être plus libres, plus heureux, plus présents au monde.

J'étais de plus en plus mal à l'aise quand je rencontrais de vieux amis, souvent plus fortunés que nous, incapables de choisir notre mode de vie. Ils restaient dans la logique du toujours plus, ils refusaient de laisser leur place, de s'installer dans un revenu de base. Je leur disais que s'ils étaient nombreux à nous imiter, nous pourrions être des millions en France à mener une expérimentation à grande échelle. Elle suffirait sans doute à lever des objections du genre : on ne travaille plus quand on a un revenu de base. Bien au contraire. Pour notre part, nous n'avons jamais autant travaillé, mais dans l'économie invisible, l'économie du sens et des valeurs.

Quand je parlais du revenu de base, on me demandait toujours comment le financer. Il existe deux principales approches, chacune avec une infinité de variantes. 1/ La filière fiscaliste ou par répartition veut réorganiser les aides existantes, quitte à augmenter les prélèvements. En gros, en créant un revenu de base en s'appuyant sur les entreprises et les contribuables (certaines imaginent par exemple de taxer le travail que nous effectuons tous en ligne au nom des géants du Web).

2/ La filière monétaire qui passe par la refonte du système financier international ou, ce qui paraît plus accessible, par la création de nouvelles monnaies.

La première solution que j'appelle souvent péjorativement «néocommuniste» a tout de suite soulevé mes objections.

1/ Elle est centralisée puisqu'elle passe nécessairement par l'État, donc c'est une approche inadaptée vis-à-vis de la complexité.

2/ Elle ne règle pas le problème éthique posé par la création monétaire asymétrique (certains créent et les autres pas, la création profite à certains et pas à tous).

3/ On maintient la création d'une dette infinie qui absorbera tout revenu de base créé par répartition.

4/ Elle laisse les clés aux banquiers.

Cette approche n'est toutefois pas à exclure totalement. Une fois les bases d'un système monétaire symétrique posées, un mécanisme de répartition peut compléter un revenu de base par création monétaire. L'inverse est à mon sens déconseillé (car aucun des problèmes engendrés par l'inégalité monétaire ne seraient réglés).

En août 2014 lors de la première université d'été du MFRB, quand j'ai rencontré des militants, ils m'ont surpris, balayant la question monétaire. Presque tous adeptes du néocommunisme, ils considéraient la monnaie hors sujet et passaient leur temps à se demander quel devrait être le montant du revenu de base. J'avoue que j'ai immédiatement pris mes distances avec eux et avec le MFRB.

Se demander quelle doit être la valeur idéale du revenu de base n'a pas plus d'intérêt que de se demander ce qu'on fera de ses gains si on gagne au Loto. Par ailleurs, la réponse ne peut qu'être relative. J'ai des amis qui arrivent à vivre avec le RSA, d'autres qui trouvent ça inconcevable.

Dans un stade préliminaire, l'important est de faire passer l'idée du revenu de base. Les calculs viendront après, et ils ne seront possibles qu'une fois les modalités de financement décidées (la plupart des militants, oubliant qu'entre les fiscalistes et les « monétaristes » il existe un monde).

Le revenu de base n'a pas pour ambition de régler tous les besoins de chacun. C'est un revenu minimal, idéalement qui devrait permettre de se loger et se nourrir et d'accéder aux services publics tels que l'éducation ou la santé.

Enseignement 5 *Par expérience, cette condition est suffisante pour nous libérer de nombreuses contraintes. Elle nous donne droit de refuser l'inacceptable, pour peu que nous ayons appris à réfréner notre boulimie consumériste. C'est une force d'émancipation.*

Depuis des années, les enfants, Isa et moi vivons sensiblement dans ces conditions. J'écris pour le meilleur et pour le pire, avec la nécessité de faire entrer un peu d'argent dans les caisses mais sans que ce soit une obsession. Isa a expérimenté dans tous les sens, enchaîné les échecs douloureux, jusqu'à ce qu'au bout de trois ans elle se découvre une vocation pour la traduction.

Un métier qu'elle a pu apprendre en bénévole avant de commencer à se faire payer, et qui dorévanavant complète notre revenu de base.

Si en trois ans on peut changer de vie comme l'a fait Isa, je me prends à rêver des effets imprévisibles d'un revenu de base inaliénable de la naissance à la mort. Tout en serait nécessairement transformé.

En quel sens? Je ne pense pas que cette question soit très intéressante et que nous devions y consacrer plus de temps. Si je milite pour le revenu de base, c'est pour l'égalité, pour un droit à une existence décente pour tous. Je ne le fais pas pour changer la société, mais pour en corriger quelques aberrations inacceptables.

Un politicien constructiviste sait où son système doit nous mener. Pensez à l'URSS avec ses plans quinquennaux où tout devait être pré-écrit. Je ne m'inscris pas dans cette logique. J'identifie une anomalie, je me dis qu'on peut la corriger et le monde deviendra ce qu'il deviendra. D'autres anomalies surgiront que d'autres générations devront résoudre.

À cause de ma crainte du constructivisme, je me méfie de tous ceux qui rêvent d'imposer le revenu de base par la politique politicienne. Il faudrait commencer par une révolution : pousser les banquiers à renoncer à leurs privilèges. Un tel combat ne pourrait qu'être violent et je ne le souhaite pas. Il devrait par ailleurs dépasser le cadre national pour s'attaquer au système bancaire international, raison de plus pour qualifier cette approche de prématurée.

Il reste aux politiciens l'approche fiscaliste, dont j'ai rapidement montré qu'elle ne résoudrait aucun de nos maux en profondeur, mais qui pourrait inciter beaucoup de familles à simuler un revenu de base, et préparer à un changement bien plus grand.

Il existe toutefois une possibilité pragmatique et pacifique d'obtenir immédiatement un revenu de basse : créer des monnaies libres reposant sur un mécanisme de dividende universel. Bitcoin nous a démontré que des cryptomonnaies décentralisées pouvaient émerger et s'étendre au monde. Aujourd'hui, Stéphane Laborde et bien d'autres travaillent à de tels projets, par exemple Duniter. Je place tous mes espoirs dans cette direction qui ne dépend que de la volonté de chacun et d'aucune décision qui viendrait d'en haut. J'espère bientôt voir émerger de nouvelles sphères économiques où les acteurs toucheront un revenu de base, et où les jeunes n'hériteront pas de la dette de leurs parents.

PRÉLIMINAIRES PHILOSOPHIQUES

Trop tard pour la révolution

5 février 2010

Je me répète toujours cette phrase du *Guépard* :

Il faut que tout change pour que tout reste comme avant.

La révolution m'apparaît comme une illusion dangereuse. Ce serait si beau, si, avec un coup de force, on pouvait changer la face du monde.

La révolution est trop simpliste, trop radicale, pour convenir dans un monde complexe. Elle ne permet de s'attaquer qu'à des centres de pouvoir qu'elle cherche à remplacer par d'autres, du jour au lendemain. Pour empêcher le climat de se dérégler trop gravement où faudrait-il taper ? Partout, c'est bien le problème.

Cet idéal combattant était peut-être concevable à l'époque des nations, où en changeant de régime politique on pouvait espérer changer la vie des hommes. Quoique, en ne changeant pas la structure du pouvoir, sa forme pyramidale, on retrouvait *in fine* les mêmes maux chez ceux qui exerçaient le pouvoir, puis chez ceux sur qui ils s'exerçaient.

La révolution faisait grappiller quelques progrès qu'il fallait défendre avec acharnement. On assiste aujourd'hui à l'affaiblissement constant de cet acharnement, nous laissons filer, personne ne s'insurge contre les manœuvres des banquiers, nous râlons, mais nous sommes encore bien trop gras.

Tant de postulats se sont ancrés dans l'ensemble de la population que les révolutionnaires du jour s'avèrent de piètres parodistes. Ils exigent des salaires plus élevés pour tous, oubliant de remettre en cause cette idée de salaire, cette aliénation suprême qui veut que nous soyons tous obligés de travailler en échange de quelque chose, comme s'il ne pouvait plus y avoir de gestes désintéressés.

Mais le tout gratuit est une chimère. Même à l'heure du revenu de base, des choses resteront rares et précieuses et tout le monde ne pourra les partager. La gratuité n'a de sens que pour les choses abondantes et celles que nous saurons rendre abondantes, par exemple avec les nanotechnologies ou les imprimantes 3D.

Il y aura toujours des choses à vendre. Les désirs resteront. Les conflits aussi. Après l'instauration du revenu de base, nous aurons effectué un progrès, comme après avoir reconnu l'ignominie de l'esclavage, puis l'égalité des hommes et des femmes… mais nous ne vivrons pas dans le meilleur des mondes.

Je suis fondamentalement d'accord avec Jean Zin : la notion de «décolonisation de l'imaginaire» (Serge Latouche) ou de «réveil des consciences» (Pierre Rahbi) est totalement insuffisante, car le grand problème est d'abord celui des institutions, écrit Paul Ariès. Nous avons besoin d'un principe qui guide nos pas et qui soit capable de fédérer notre action.

Pourquoi Ariès pense-t-il ainsi ? Parce que lui-même prône la société du don tout en étant incapable de donner (par exemple ses livres qu'il vend dans l'économie traditionnelle qu'il dénonce).

Chacun pense sa philosophie en fonction de ce dont il a la force. Chez Épicure, l'épicurisme était ascétique parce qu'Épicure souffrait de problèmes gastriques. Lucrèce nous présenta une vision moins austère de l'épicurisme. Même si nous ne savons rien de lui, nous pouvons supposer qu'il avait une meilleure constitution que son maître.

Alors, si on postule que les hommes sont incapables de se réformer, parce que soi-même on en est incapable, il ne reste qu'à espérer la révolution, c'est-à-dire réformer le reste du monde plutôt que soi-même. Pour que cette révolution soit possible, il faut qu'il existe un point central qui puisse être changé d'un coup de baguette magique. Ariès invoque les institutions. Elles sont le lieu où s'incarne son impuissance.

Mais les institutions sont-elles responsables de la surconsommation ? Aucune loi ne nous oblige à surconsommer. Pour s'attaquer à la surconsommation, la révolution doit être personnelle et non institutionnelle (les institutions peuvent au mieux aider).

Et puis, imaginez que nous changions les institutions, là, tout de suite, qu'est-ce que vous proposeriez ? Moi, je me tairais. Je me contenterais de dire « expérimentons ». Donnons la chance à une multitude de systèmes concurrents. Parce que nous ne savons pas ce qui peut marcher (et c'est valable pour le revenu de base, il faut tester des revenus de base). Mais si comme Ariès on prône la révolution, on est forcé d'avoir une réponse toute prête. Malheureusement, le bon sens n'est pas d'une grande aide en situation complexe.

La révolution ne marche que dans un système simple. Croire que changer les institutions peut nous sauver est une illusion, car personne ne connaît *a priori* les changements institutionnels à effectuer.

J'en reviens à mon idée fixe. Je ne vois qu'une solution : que ceux qui sont capables de vivre en accord avec leurs idéaux changent leur vie, qu'ils mettent en œuvre les expérimentations dont nous avons besoin pour donner plus tard du courage à ceux qui pour le moment manquent de courage.

Je m'adresse à ces courageux, à ces pionniers, à ces volontaires... Il faut que vous expérimentiez et il serait dangereux de demander à tout le monde de le faire, surtout de le faire tous de la même façon.

Qu'est-ce que je fais en publiant gratuitement des billets sur mon blog ? À mon petit niveau, en tant qu'écrivain, j'applique les principes auxquels je crois. J'ai l'espoir que des solutions se mettront en place parce que, les uns les autres, nous apprendrons à collaborer de manières nouvelles. J'estime que ceux qui, comme moi, ont la possibilité de prendre des risques, ont le devoir d'expérimenter.

Anarchisme : force d'émancipation sociale

11 février 2010

Dans un opuscule intitulé *Raison contre pouvoir, le pari de Pascal,* Jean Bricmont interviewe Noam Chomsky. Il lui demande notamment « N'est-il pas vrai que toutes les formes d'auto-organisation selon les principes anarchistes se sont finalement effondrées (pensez aux diverses communautés dans les années 1960 et 1970, mais il y a aussi des expériences antérieures) ? »

Avec un raisonnement semblable, on aurait pu conclure au XVIIIe siècle que les tentatives d'établir la démocratie politique ou d'abolir l'esclavage ou de protéger les droits des femmes ou bien… ayant toujours échoué, pourquoi alors devrions-nous même essayer de promouvoir la paix et la justice et les droits de l'homme ? demande Chomsky. C'est là à coup sûr un piètre argument. [...] Je suis aussi en désaccord avec l'observation historique que vous faites. Il n'y a pas de « principes anarchistes » fixes, une sorte de catéchisme auquel il faudrait prêter allégeance. L'anarchisme, du moins tel que je le comprends [...] est une tendance de la pensée et de l'action humaine qui cherche à **identifier les structures d'autorité et**

de domination, *à les appeler à se justifier, et, dès qu'elles s'en montrent incapables (ce qui arrive fréquemment), à travailler à les surmonter. Loin d'avoir « échoué », l'anarchisme se porte très bien. Il est à la source de beaucoup de progrès - très réels - des siècles passés, y compris depuis les années 1960 et 1970. Des formes d'oppression et d'injustice qui étaient à peine reconnues, et encore moins combattues, dans un passé récent, ne sont plus considérées aujourd'hui comme tolérables.*

Exemple d'une de ces luttes nouvelles : la bataille pour le revenu de base. Nous avons identifié chez les banquiers une structure d'autorité et de domination que nous devons éradiquer en distribuant leur pouvoir de création monétaire entre les mains de tous (ce n'est pas plus fou qu'abolir l'esclavage).

Internet est en train de nous permettre de distribuer la liberté d'expression entre tous alors que jadis seule une minorité se l'arrogeait. Cette bataille, cette décentralisation, est loin d'être achevée. Elle ne fait même que débuter, mais il s'agit bien d'un projet anarchiste au sens où le définit Chomsky et dans lequel je ne peux que me reconnaître.

Nous ne cessons d'identifier des structures d'autorité et de domination. C'est tout le problème pour les autorités en place. Nous contestons la production d'énergie centralisée, la distribution alimentaire centralisée, l'éducation centralisée, l'expertise centralisée... L'anarchisme n'a jamais été aussi vivant. Il le sera tant que le capitalisme ne sera pas vaincu, le capitalisme étant une structure d'autorité et de domination extraordinaire.

Toutes les contestations ont cela de particulier qu'elles peuvent s'exercer dans le cadre de forces politiques traditionnelles, mais, surtout, à titre individuel. Par le passé, il était difficile de se batte seuls contre les puissants. Quelques riches propriétaires l'ont fait contre l'esclavage, mais avec difficulté. Aujourd'hui, chacun à notre niveau nous pouvons agir parce que les nouvelles technologies démultiplient notre puissance d'action.

Nous commençons également à comprendre que les partis eux-mêmes sont des structures d'autorité et de domination. Alors nous ne pouvons pas nous engager dans ces structures pour lutter contre des structures de même nature. Cela reviendrait à déplacer éternellement le problème sans réellement le régler.

Il ne s'agit pas nécessairement d'agir seul mais de se lier dans des zones d'autonomie temporaires qui sauront mener un combat de guérilla et se redessiner en fonction des circonstances et des besoins. Ne nous leurrons pas. Depuis toujours les structures de pouvoir et de domination défendent leurs privilèges jusqu'à la mort. Les forces anarchistes gagnent peu à peu du terrain tout en partant de très loin.

Internet peut apparaître comme une victoire incontestable des forces libres. Le réseau pensé par des hommes libres, tant bien même ils travaillaient pour l'armée américaine, est l'arme la plus fantastique dont n'ont jamais disposé les anarchistes.

Leurs adversaires de toujours ont fini par le comprendre. Au début, ils se sont laissés berner par les possibilités économiques du réseau. Maintenant, ils réagissent. Plus rien ne les arrête. Le Web est aux mains de quelques puissantes entreprises : Google, Facebook... qui ont réussi à recentraliser le réseau pour en phagocyter la créativité.

Les gouvernements, ces centres de domination, peuvent dès lors appliquer un contrôle de plus en plus drastique sur la part du réseau qui se joue hors de ces acteurs « officiels ». Une nouvelle bataille commence. Une nouvelle guerre de Sécession.

Choisissez votre camp. Préparez-vous à passer outre les barrages que plus aucune raison économique n'empêche de dresser maintenant que le Web tend à se structurer comme un pouvoir traditionnel. N'oubliez pas que la plus grande structure créée par l'humanité, celle qui lie aujourd'hui 2 milliards d'humains, Internet, est le fruit d'un fantastique processus d'auto-organisation. Quelques règles fécondes, TCP/IP par exemple, ont été adoptées et le réseau a bourgeonné à partir d'une multitude d'initiatives publiques, privées et individuelles. Nous pouvons vivre en minimisant les structures d'autorité et de pouvoir. Nous pouvons également éradiquer celles qui subsistent sur Internet, comme les serveurs racines.

La réinvention du socialisme

16 février 2010

Imaginez que des hommes d'égal niveau d'éducation se retrouvent à bord d'un vaisseau spatial et débarquent sur une nouvelle planète. Quel monde y construiront-ils ? Un monde de liberté, d'égalité, de fraternité ou un monde qui ressemble au nôtre, avec ses hiérarchies, ses inégalités, ses structures d'autorités ?

De nombreux auteurs de science-fiction se sont posé la question, notamment Kim Stanley Robinson avec sa trilogie martienne. Comment savoir ce qui se passerait vraiment ? Faute d'avoir découvert une nouvelle planète à coloniser, nous pouvons considérer Internet comme un nouveau territoire. En étudiant son histoire, on peut en tirer quelques enseignements quant à notre actuelle immaturité politique.

La hiérarchisation des hominidés

Tout d'abord, je voudrais revenir sur l'origine des structures d'autorité. Parmi les peuples premiers, certains sont non hiérarchiques et ne disposent même pas de l'impératif dans leur langage ou de verbes comme « devoir ». Ont-ils perdu les hiérarchies au cours de leur histoire ou les sociétés humaines ont-elles commencé par être non hiérarchiques ?

Les anthropologues penchent vers cette seconde hypothèse. Chez de nombreux mammifères, chez les loups ou les singes, il existe souvent des mâles dominants, mais pas à proprement parler de hiérarchie. Le mâle dominant ne peut pas être considéré comme le chef de la horde. Il s'approprie les femelles qui l'intéressent, mange en premier, indique quand il est temps de se déplacer... Il manage par l'exemple, sans donner d'ordre à ses congénères que rien n'empêche de tenter leur chance en solitaire ou d'aller former de nouvelles hordes.

Dans l'histoire humaine, les premières hiérarchies apparaissent, semble-t-il, autour de -75 000 ans. Cet évènement aurait coïncidé avec l'invention des vêtements, qui avaient non pour but de réchauffer ou d'accroître le confort, mais d'affirmer le statut social.

Difficile de faire de l'archéologie ethnographique aussi loin dans le temps. On est sûr d'une chose en revanche : les hiérarchies s'imposent quand les hommes se sédentarisent (le pouvoir hiérarchique devient en quelque sorte juridique).

Les hiérarchies ont pour avantage de réduire les coûts de transaction comme en fit la démonstration Ronald Coase. Des structures d'autorités se forment alors : ceux qui possèdent la terre, ceux qui possèdent le bétail, bientôt ceux qui possèdent d'autres hommes.

D'un monde primitif relativement horizontal, nous passons à des sociétés de plus en plus verticales. Nous basculons de la décentralisation à la centralisation, et en même temps de l'animisme au polythéisme puis au monothéisme.

La hiérarchisation de l'évolution

Ce passage de l'horizontalité à la verticalité n'a pas été une première dans l'histoire du vivant. L'évolution biologique n'a pas commencé par être darwinienne, c'est-à-dire verticale, avec des parents qui transmettent leurs gènes à leurs enfants au prix de quelques mutations. Avant l'existence des parents, il y avait déjà de la vie. Il fallait bien un mécanisme pour transmettre les gènes. Ils circulaient alors horizontalement, d'individu en individu non apparenté, parfois d'espèces différentes.

Des scientifiques comme Carl Woese et Nigel Goldenfeld montrent que la théorie hiérarchique de Darwin est ainsi incapable d'expliquer l'apparition du code génétique lui-même. Elle ne se met en place qu'après plusieurs milliards d'années d'une évolution horizontale, évolution toujours active aujourd'hui, notamment chez les bactéries.

Ainsi la vie aurait, elle aussi, basculé d'une époque dominée par l'horizontalité à une époque dominée par la verticalité, surtout chez les êtres les plus complexes.

La verticalisation, la hiérarchisation, la centralisation sont-elles inévitables et irréversibles ? C'est une question importante. Si tel est le cas, si nous colonisons un nouveau monde, nous y recréerons nécessairement des hiérarchies et des structures de domination. Si nous inventons un nouveau territoire, Internet, nous y reproduirons les pouvoirs millénaires avec tous leurs travers.

La décentralisation

Sommes-nous condamnés à une stagnation politique ? Avons-nous atteint structurellement la fin de l'histoire sociale ? De tout temps, les conservateurs ont pensé ainsi. Pour eux, au XVIIIᵉ siècle, la société ne pouvait fonctionner sans esclaves, les hommes devaient dominer les femmes, les enfants devaient travailler... Il était impensable de remettre en cause les structures d'autorités existantes qui apparaissaient comme des fatalités attribuées à la nature humaine.

Mais qu'en est-il de cette nature humaine ? Avons-nous toujours tendu vers plus de hiérarchie ? Si tel était le cas, nous vivrions partout sous des dictatures implacables. Il n'en va pas ainsi parce que des individus qui résultent d'une évolution hiérarchique peuvent néanmoins développer des comportements non hiérarchiques.

Regardons nos villes. Bien que devenues des centres d'autorité, elles ne se sont pas moins développées le plus souvent suivant des principes horizontaux. Parfois elles furent tracées à la règle et à l'équerre, mais, au cours du temps, et cela toujours assez vite, elles adoptèrent des formes plus organiques.

Quand les scientifiques cherchent à reproduire l'évolution des villes en simulation, ils constatent que les modèles hiérarchiques n'expliquent pas leur structure. Nous devons imaginer que les hommes respectent une poignée de règles et bâtissent en fonction d'elles. Dès qu'on étudie les villes dans une durée supérieure au siècle, on constate qu'elles résultent avant tout d'un processus d'auto-organisation typiquement non hiérarchique. Et nos villes ne sont-elles pas parmi nos réalisations collectives les plus impressionnantes ?

Les victoires anarchistes

Deux mouvements historiques semblent donc se juxtaposer : l'un pousse à la centralisation et à la création de structures d'autorité, l'autre à la décentralisation et à la destruction des structures d'autorité qui ne font pas leurs preuves.

Noam Chomsky qualifie d'anarchiste cette seconde tendance. L'anarchie, suivant cette définition, n'est pas contre toutes les structures d'autorité, mais contre celles qui ne se justifient pas, ou plus.

Les hommes ont longtemps constitué une structure d'autorité sur les femmes. Des siècles de lutte ont vu quelques progrès, preuve que l'ont peut affaiblir cette structure d'autorité, et sans doute finir par l'éradiquer.

Les esclavagistes constituaient eux aussi une structure d'autorité. Des hommes l'ont abattue. Ils ont inventé le salariat, une forme de dépendance moins dégradante, qui a créé une nouvelle structure d'autorité, celle des patrons.

À leur tour, les socialistes ont rêvé de supprimer cette nouvelle structure d'autorité (je parle des véritables socialistes du XIXᵉ siècle). Ils ont à ce jour échoué, ce n'est pas pour autant qu'ils échoueront toujours.

Bill Joy a montré que le modèle hiérarchique ne réduisait les coûts de transaction que dans un monde faiblement technologique. Quand les coûts de communication s'effondrent, on peut travailler où l'on veut, donc aussi hors des hiérarchies qui ne présentent plus d'avantages en termes de coût, mais uniquement en termes de pouvoir et deviennent de fait des structures d'autorité inutiles.

La guerre éternelle

Existe-t-il une tendance humaine vers la diminution du nombre des structures d'autorité ? Rien n'est moins sûr. Le salariat remplace l'esclavage. Le niveau d'étude remplace le rang des nobles. Les banquiers s'arrogent le pouvoir de créer de l'argent.

Il y aurait plutôt une lutte continuelle entre les autoritaires et les anarchistes, entre les centralisateurs et les décentralisateurs. Ils se livrent une guerre éternelle. Doit-on choisir son camp ? En théorie, on peut être pour la décentralisation dans un domaine et pas dans un autre.

Toutefois, il me semble que nous devons entre les deux tendances nous positionner. N'oublions pas dans notre réflexion de considérer l'esclavagiste comme un centre pour les esclaves, l'homme comme un centre pour les femmes aliénées, le patron comme un centre pour les salariés... Alors les centres sont-ils vraiment nécessaires ?

Pour ma part, je penche vers l'anarchisme, estimant que le salariat doit être questionné sinon aboli, que le pouvoir de créer l'argent doit être réparti entre tous, que les pouvoirs subsistants doivent être jalousement séparés pour éviter les collusions... Nous devons interroger toutes les structures d'autorité et mettre à l'épreuve leur légitimité.

Des forces souterraines et cataclysmiques se réveillent. Quand la complexité augmente, la décentralisation devient nécessaire. La raison est toute simple : pour faire face à la complexité, il faut de plus en plus d'intelligence. La seule manière de l'augmenter est de la laisser s'exprimer partout. On ne doit pas attendre l'aval de la hiérarchie avant d'expérimenter (une hiérarchie est moins intelligente et moins informée que sa structure sous-jacente).

Dans un monde qui se complexifie, les anarchistes devraient donc logiquement s'imposer peu à peu. Toutefois, les centralisateurs défendent leurs privilèges. Même quand la complexité augmente, ils tentent d'imposer la centralisation, ce qui implique inévitablement une réduction de la complexité.

Cette réduction peut prendre de multiples formes. Moins de gens pour interagir (stratégie de réduction de la population). Moins de liberté pour interagir (dictature avec contrôle des déplacements). Moins de technologie pour interagir (jihad Bultérien imaginé par Frank Herbert - avec disparition de la liberté d'expression, crédo politique repris par les islamistes). Cette liste pourrait s'étendre indéfiniment : épuisement des ressources naturelles, crises climatiques, récession économique durable... Nous ne serions capables de résoudre ces problèmes complexes que par la voie de la simplification catastrophique.

Dans ce cas, nous devrions renoncer à ce qui fait la richesse de nos vies. Il ne s'agirait pas de sacrifier des choses accessoires, les gadgets inutiles du consumérisme, mais aussi tout ce qui fait le propre d'un monde complexe, les interactions à grande échelle, aussi bien que celles qu'autorisent les voyages que les nouvelles technologies.

Un monde moins complexe nous pousserait à revenir à un stade antérieur de l'humanité, un stade pas nécessairement plus durable vu dans quel état nous avons mis le monde.

Internet stigmatise les antagonismes

Que se produit-il sur Internet ? Nous avons construit une nouvelle planète où nous avons minimisé les structures de pouvoir. Pendant trente ans, nous nous sommes développés horizontalement, mais, aujourd'hui, les forces centralisatrices, un temps dominées, reviennent sur le champ de bataille. Les loups veulent se repaître du fruit de notre travail collectif.

Pour commencer, les gouvernements tentent de reprendre le contrôle, c'est-à-dire de réintroduire des hiérarchies là où elles n'existaient pas. Ils ne voient pas d'un bon œil que nous puissions échanger en direct des informations entre nous. Sous prétexte que nous pouvons échanger des informations piratées, ils imaginent des solutions de filtrage capables de nous empêcher de communiquer.

Mais n'accablons pas les gouvernements. Ils ne sont pas nos plus dangereux adversaires. Ne cherchons pas d'autres responsables que nous-mêmes. Nous créons nous-mêmes les véritables nouvelles structures d'autorité, des structures transnationales que sont Google ou

Facebook par exemple. Nous les créons en plébiscitant les services centralisés de ces entreprises au profit des solutions décentralisées pourtant à l'honneur depuis le début d'Internet.

Quand je dis nous, je m'adresse surtout à ceux qui utilisent ces services en oubliant qu'il en existe d'autres. Quand vous parlez à certaines personnes de ce que vous avez vu sur Internet, ils vous demandent « C'est où sur Facebook ? » Pour une grande majorité d'internautes, Internet se résume à Facebook. Bientôt la navigation ne s'effectuera plus qu'à travers Google et les liens hypertextes dans les pages disparaîtront.

Bien sûr ces services proposent aujourd'hui des avantages qu'aucune autre plate-forme ne confère. C'est confortable d'aller chez eux. Mais dites-vous bien que vous êtes en train de vous soumettre à de nouvelles structures d'autorités, des structures qui à ce jour n'existaient pas encore sur Internet… des structures que vous renforcez de jour en jour en même temps que la concurrence agonise.

La dictature est souvent confortable. Nous n'avons plus de question à nous poser. D'autres pensent pour nous et nous disent ce que vous devons faire. Je noircis le tableau, mais n'oublions pas que, quand nous donnons du pouvoir, il y a toujours des hommes pour se l'approprier. Ne leur facilitons pas trop la tâche, nous ne pourrions que nous en mordre les doigts.

Vous pouvez certes estimer qu'un tel monde hiérarchique est préférable à un monde horizontal, en apparence déstructuré, sans ligne claire, sans une direction unique imposée à tous… Vous êtes encore libres d'effectuer ce choix. J'use pour ma part de ma liberté pour travailler à un autre monde, celui que j'ai connu sur Internet quand tout était possible et que les structures d'autorité n'attiraient pas les internautes comme des mouches.

Ne croyons pas que le jour venu nous nous détournerons de ces structures avec facilité. Repensons aux esclaves ou aux femmes aliénées. Une fois une structure d'autorité installée, elle se défend jusqu'à la mort.

Cette défense implique un renforcement de la centralisation, une diminution concomitante de la complexité, donc de l'intelligence générale du système. L'innovation n'est plus au rendez-vous. Il n'y a plus de place pour d'autres en dehors. On se retrouve avec des centres de puissance qui ont tendance à entrer en guerre. D'ouvertes, les frontières se referment peu à peu.

Apple a inauguré depuis longtemps ce repli vers les solutions propriétaires. Google et d'autres développent le même travers, notamment dans le domaine de la téléphonie.

Nous qui penchons vers l'anarchisme, laisserons-nous ce processus se développer ? Laisserons-nous les structures d'autorité reprendre ce que nous avions un temps réussi à acquérir ? La liberté de publication. Le droit à l'anonymat. La coopération. L'open source. La hackabilité.

Toutes ces victoires, toutes ces structures d'autorité que nous avons dynamitées risquent bientôt de ressurgir. Sommes-nous à l'aube d'un nouveau balancement vers la centralisation ? Parfois même les écologistes appellent un tel revirement au nom de la protection de l'environnement. Les appels à la centralisation se généralisent. Toutes les raisons sont bonnes. Les crises et la nécessité des mesures d'austérité ont bon dos. Si seulement les hiérarques s'appliquaient l'austérité à eux-mêmes pour commencer.

Je n'ai pas envie de vivre dans leur monde. L'anarchisme doit être réhabilité comme la principale force de progrès de nos civilisations. Nous ne devons pas nous contenter de développer de nouvelles technologies, mais diriger ce développement dans un sens qui réduit les structures d'autorité. Nous en avons les moyens. Nous devons nous battre sur ce terrain.

La centralisation catastrophique

Le socialisme n'a jamais été appliqué. Jamais les gens qui s'en revendiquèrent n'ont fait disparaître les structures d'autorité. Ils les ont au mieux remplacées, souvent par des machineries monstrueuses comme en URSS. Le socialisme est devenu une machine centralisatrice. Il a remplacé Dieu par l'État. On est passé d'un opium du peuple à un autre.

Regardez ce qu'est devenu le socialisme dans un pays comme la France. Comment cherche-t-il à secourir les plus défavorisés ? Il ne remet en cause aucune des structures d'autorité qui engendrent les inégalités (ce qui est le propre d'une structure d'autorité puisque certains sont en haut de la pyramide et d'autres en bas).

Les socialistes ne voudraient qu'une seule compagnie ferroviaire, qu'un service postal, qu'un fournisseur d'énergie... Ils voudraient renforcer les structures d'autorité qui n'ont au cours de l'histoire d'autres fins que d'asservir les hommes. Est-ce cela le socialisme ?

Pour installer le revenu de base, nous devons décentraliser la création monétaire. Pour célébrer la dignité humaine, nous devons décentraliser le travail, transformer le salariat en un nouvel artisanat. Pour garantir la liberté d'expression, nous devons continuer à créer des blogs indépendants et ne pas nous enfermer dans des plateformes totalisantes.

Nous devons nous définir comme des anarchistes, intégrants dans nos rangs les déçus du faux socialisme.

Alors nous apprendrons à produire nous-mêmes notre énergie, nos informations, nos infrastructures... Nous cesserons d'être soumis aux structures d'autorité qui n'ont plus aucune raison d'exister dans un monde devenu technologique.

Mais prenons garde. Il ne s'agit pas de détruire aveuglément toutes les structures d'autorité, mais seulement celles qui nous aliènent, celles qui n'ont plus de raison d'être. Je milite pour un anarchisme modéré tel que le définit Chomsky.

Quand les libéraux, ceux qui se prétendent tels, veulent détruire les services publics, ils ne cherchent pas à détruire des structures d'autorité, mais simplement à les déplacer vers le privé, à les ramener dans leur escarcelle. Ils agissent comme les communistes en URSS. Les libéraux n'ont jamais été anarchistes. Ils exigent la liberté de créer librement des structures d'autorité. Nous devons au nom de la liberté nous battre également contre eux.

LE REVENU DE BASE

Ils manifestent pour rien

6 novembre 2010

Quel gâchis ! Ils descendent dans la rue par millions pour conserver deux ans de retraite supplémentaire, pour être mieux traités en tant que salariés et pour que rien ne change. Ni plus ni moins, ils demandent que leurs privilégiés d'aujourd'hui, ceux qui les asservissent, restent les privilégiés de demain.

Ils descendent dans la rue avec en tête un attirail idéologique qui date du xixᵉ siècle. Ils me font penser aux esclaves qui, il y a bien longtemps, demandaient des repas plus copieux, mais ne remettaient pas en cause leur esclavage, encore moins le statut d'esclavagiste.

La gauche est dans un état de catatonie intellectuelle sidérant. Pourtant des idées socialement progressistes existent et commencent à être plutôt bien argumentées.

1/ Il ne faut pas descendre dans la rue pour demander deux ans de retraite supplémentaire, mais pour le droit de ne pas travailler à tout âge de la vie.

2/ Il ne faut pas descendre dans la rue pour défendre le salariat, mais pour exiger sa réinvention, un saut qui serait au moins aussi important que l'abandon de l'esclavage.

Avez-vous entendu clamer ce genre de choses ? On parle de redistribuer les richesses ? De prendre aux riches ? On reste dans la pure logique marxiste. Mais les hommes n'ont pas cessé de penser depuis Marx.

Dans un petit essai qui s'adresse dans sa version actuelle aux matheux et aux économistes, *La théorie relative de la monnaie*, Stéphane Laborde nous propose un attirail intellectuel pour voir la société suivant une nouvelle perspective, qu'Olivier Auber qualifie de numérique.

La conséquence : nous devons descendre par millions dans les rues pour exiger l'instauration du revenu de base. Ce combat sera international et non seulement franco-français (ce qui prouve l'inanité du mouvement actuel — nous vivons un monde globalisé).

Le revenu de base est une somme d'argent versée inconditionnellement tous les mois à chacun des habitants d'une zone économique. Une fois que vous le touchez, vous pouvez prendre votre retraite quand vous le voulez, car vous recevez de quoi vous loger et vous nourrir.

En tant que salarié, vous n'êtes plus en situation perpétuelle de danger. Vous avez le pouvoir de dire merde à vos employeurs comme Noam le proclame dans mon roman *La tune dans le caniveau*.

Si on vous propose un travail dégradant, vous pouvez le refuser. Du coup, tous les petits boulots aujourd'hui mal payés et néanmoins nécessaires devraient être grandement revalorisés. En parallèle, les boulots plus prestigieux que tout le monde accepte avec plaisir seront dévalorisés.

L'instauration d'un revenu de base changera les rapports de force dans la société. Le salarié deviendra maître de sa vie. Le patron, dont il ne s'agit pas de remettre en cause l'existence, perdra son fouet. Il pourra toujours proposer de belles carottes, car tout salaire s'ajoute au revenu de base, mais il n'aura plus à sa disposition ses anciens moyens de pression. En face de lui se dresseront enfin des hommes et des femmes libres.

Entendez-vous parler du revenu de base dans les cortèges de manifestants ? Non, on clame des slogans qui auraient pu être écrits il y a deux siècles. Personne ne remet en question un des bugs centraux de nos sociétés : le pouvoir de créer de l'argent *ex nihilo*, un pouvoir que les banquiers s'arrogent et dont ils abusent continuellement, injectant chaque année dans l'économie l'équivalent de 5: de la masse monétaire.

Pendant que vous travaillez, ils fabriquent l'argent pour vous payer. Nous avons le devoir de nous élever contre ce privilège dévolu à quelques milliers de personnes de par le monde comme jadis nos ancêtres se sont élevés contre la noblesse de robe, contre les esclavagistes, contre l'asservissement des femmes, contre le travail des enfants...

Il ne s'agit pas de prendre l'argent des riches ou d'instaurer de nouvelles taxes, mais d'interdire cette petite magouille financière qui aujourd'hui régit l'économie. Utopique. Impossible. Croyez-vous que si des millions de personnes descendaient en même temps dans les rues de toutes les villes occidentales les hommes politiques resteraient sourds à leurs cris ? Non, car cette fois le combat serait légitime. Les manifestants ne seraient plus seulement dans la contestation, mais aussi dans la proposition.

Ils exigeront que les 5: d'argent injecté annuellement dans l'économie le soient par chacun de nous.

Plutôt que quelques nobles fabriquent la monnaie de manière centralisée et opaque, nous la fabriquerons tous de manière distribuée et décentralisée. Chaque mois, nous verrons notre compte crédité d'une fraction des 5 : (la somme totale divisée par le nombre d'habitants). C'est ainsi que sera financé le revenu de base, en supprimant un simple privilège dont ne bénéficient aujourd'hui qu'une poignée de personnes.

Ces privilégiés se défendront-ils jusqu'à la mort ? Oui, au début. Il y a aura des pots cassés. Je ne vois pas comment cela pourrait être évité. Je vois mal les argentiers nous remettre de but en blanc les clés de leurs imprimeries à fausse monnaie. Mais devant la pression sociale, devant la prise de conscience généralisée de ce mécanisme tout simple de la création monétaire, ils n'auront d'autres choix que de s'incliner, comme tous les privilégiés se sont inclinés au fil des luttes sociales.

Ils pourront bien sûr se réinventer. Il n'est pas question de supprimer les banques, mais de les ramener à un état où elles ne peuvent prêter que l'argent dont elles disposent effectivement. Elles conserveront leur rôle de financement. Elles amasseront de l'argent et le réinvestiront dans des entreprises. Il y aura toujours des pauvres et des riches dans cette société. Mais les pauvres seront plus riches, les riches plus pauvres.

Alors moi aussi je descendrai dans la rue pour me battre contre un des fléaux de notre société. Aujourd'hui, une fabuleuse envie de changement est dilapidée à mauvais escient. Nous devons avoir l'ambition de réclamer ce qui *a priori* semble utopique. On tentera de nous discréditer au nom de cette utopie alors que nous ne voulons que couper un simple privilège.

Quand est-ce que la prise de conscience sera suffisamment étendue pour atteindre le point de bascule ? Je n'en sais rien, mais un texte comme celui de Stéphane Laborde devrait donner des éléments de réflexion à toute une génération d'économistes et d'intellectuels. Nous allons nous armer pour répondre à toutes les objections.

Quand est-ce qu'un peu partout dans le monde les leaders politiques s'empareront du revenu de base ? Peut-être jamais. Un leader politique se trouve au sommet de la structure pyramidale de son parti. C'est un puissant parmi les siens. Les puissants du monde financier ne sont jamais éloignés de lui, ne serait-ce que pour financer ses campagnes. Ils ont bien compris que peu importait qui était au pouvoir du moment que leur privilège n'était pas questionné. Mettons les manifestants d'aujourd'hui au pouvoir, ces manifestants privés d'idées neuves, nous les verrons vite imiter ceux qu'ils veulent déloger.

Cette situation est-elle dramatique ? Je crois au contraire que c'est une grande chance. Le mouvement social français de ces dernières semaines montre que la force revendicatrice sourd de toute part. Les partis et les syndicats fixent les dates des manifestations, mais ils ne contrôlent rien. Le mouvement émerge des citoyens en état de révolte. C'est une manifestation primitive du *Cinquième pouvoir.*

Le problème étant de remettre en cause une des structures pyramidales qui régit notre société, celle de la finance, il est logique que l'opposition s'organise de manière plus diffuse, c'est-à-dire en réseau. Ce n'est pas pour rien si Stéphane Laborde exige la libération du code de la monnaie. Il préconise que tout le monde ait accès au code de la création monétaire tout comme Richard Stallman préconise le libre accès au code des programmes informatiques.

Leurs combats sont parallèles et rejoignent ma propre opposition aux structures pyramidales vidées de leur sens et qui ne font que compliquer la société, en grippent les rouages et nous mettent en incapacité de réagir à la complexification du monde. Nous touchons au nœud de nos problèmes. Nombre des anciennes structures de pouvoir, par exemple celle des banquiers ou celle des éditeurs de codes, mais aussi des éditeurs de connaissances ou de culture, entravent le développement de l'intelligence collective, intelligence plus que jamais nécessaire dans un monde confronté à des problèmes globaux.

Quand on aime la liberté, on n'aime pas la centralisation

9 novembre 2010

Centraliser, c'est introduire des passages obligés à la traversée desquels le contrôleur affirme son contrôle, c'est créer des zones de pouvoir et même de toute-puissance, des espaces opaques et impénétrables pour le profane. Il y les passants et ceux qui contrôlent. Il y a ceux qui subissent les règles et ceux qui les imposent. Souvent, cette hiérarchie primaire à deux niveaux se complique, chaque niveau se subdivise pour que la pyramide s'élève.

Centralisation implique hiérarchisation, implique émergence de structures de domination et réciproquement.

Le logiciel libre

Au début des années 1980, Xerox introduit un point de centralisation au AI Lab du MIT : aucun code source du driver de la nouvelle imprimante laser prototype n'est fourni.

En ne révélant pas ce code, Xeros introduit un goulet d'étranglement. Il faut consulter Xerox au moindre problème et subir la logique de fonctionnement décidée par Xerox.

Xerox a introduit de la rareté là où les programmeurs avaient toujours connu l'abondance. Xerox s'est placé au-dessus d'eux, les a mis en situation de dépendance. Alors âgé de 27 ans, Richard Stallman se sent pris au piège. Il en déduit que la privatisation du code informatique est une atteinte à sa liberté de programmeur et d'usager des ordinateurs et de leurs périphériques.

Xerox justifie l'instauration de cette structure de pouvoir au nom du droit commercial. Est-elle justifiée ? Non, pense Stallman. Pour l'abattre, il imagine des logiciels libres et ouverts de telle sorte que la culture informatique puisse se développer et que nous soyons maîtres de nos ordinateurs et de nos périphériques.

Depuis il passe sa vie à lutter contre la réduction artificielle de l'abondance du code informatique, et plus généralement de tous les codes culturels.

La monnaie libre

Dans l'économie, l'argent remplace les lignes de codes et nous nous trouvons dans une situation comparable. Certains opérateurs ont le pouvoir d'injecter de l'argent supplémentaire, presque à volonté.

Les points d'émergence de l'argent frais sont peu nombreux, privés et fermés aux yeux de la plupart d'entre nous. Il existe bel et bien des structures de pouvoir qui font la pluie et le beau temps dans l'économie.

Ces points centralisés de création monétaire peuvent-ils se justifier ? Est-il possible de s'en passer ?

Oui, par exemple en faisant de chacun de nous des émetteurs de monnaie, selon le principe du revenu de base, en accord avec les mécanismes théorisés, par exemple, par Stéphane Laborde dans sa *Théorie relative de la monnaie*.

Il est intéressant de remarquer qu'une telle création monétaire distribuée, selon un code monétaire ouvert, n'est possible qu'en s'appuyant sur des logiciels eux-mêmes libres. Stallman a lancé un mouvement qui dépasse de loin le seul cadre informatique.

L'homme libre

Dès que nous nous trouvons face à une structure pyramidale, nous devons nous interroger au sujet de sa nécessité. Chaque fois que nous pouvons lui trouver un substitut, nous sommes en passe de gagner en liberté (comme les esclaves, les femmes, les programmeurs...).

En trouvant un moyen d'éviter le point d'étranglement que constitue une pyramide, nous gagnons en fluidité. L'information ne monte plus avant de redescendre, elle circule transversalement. Avant d'agir, nous n'attendons plus l'aval d'un supérieur, et du supérieur du supérieur, mais juste celui de nos pairs.

L'informatique a son rôle à jouer. En nous aidant à nous interconnecter, à tracer des réseaux sociaux de plus en plus denses, elle favorise la création d'organisations réticulaires qui peu à peu cassent les hiérarchies : circulation transversale de l'information, auto-organisation, accroissement de l'intelligence collective...

Plus cette complexité sociale augmente, plus le management top-down devient difficile. Dans un monde complexe, les pyramides ont ainsi de plus en plus de mal à se justifier… et leur maintien n'est possible qu'avec une dépense d'énergie prohibitive. Progressivement, avec le développement de la complexité sociale, les pyramides ne peuvent que se déliter. Chaque fois qu'elles abdiquent, nous gagnons en liberté.

Le combat pour le logiciel libre et pour la monnaie libre se situe dans ce cadre plus général du passage des organisations centralisées aux organisations réticulaires.

Causes communes

4 février 2013

En septembre dernier, après avoir passé une paire d'heures à refaire le monde avec Étienne Chouard sur les hauteurs de Trets, je me suis dit que nous étions nombreux à escalader la même montagne par des faces différentes. Nous avons trop tendance à attendre de nous rencontrer au sommet. Le temps passe, et nous en sommes toujours aussi loin, chacun à batailler pour sa paroisse.

Il m'est alors apparu qu'un ensemble d'idées et de causes contemporaines, bien qu'en apparence très différentes, étaient intimement connectées. Et qu'il était nécessaire de démontrer leur interdépendance et d'affirmer leur cohérence logique. Toute idée qui ne serait pas en cohérence devrait sans doute être, sinon écartée, interrogée plus que sérieusement.

Je n'ai pas eu le courage de me lancer dans ce travail, je ne l'ai pas plus aujourd'hui, il faudrait des dizaines de billets pour l'approfondir, mais je me suis décidé à résumer ce qui n'est qu'intuition.

Pas de cause des causes

Je crois qu'il n'existe pas une cause des causes, une cause qui engloberait toutes les autres (essentialisme). Nous devons nous défendre de cette idée même, et prôner la diversité, seule source d'intelligence collective. Les intégrismes ont toujours voulu promouvoir la vérité, la sagesse ultime, la transcendance définitive. Résultat : totalitarisme. Admettons, pour notre sauvegarde, qu'il n'existe pas une loi mais des lois qui interagissent, de pays en pays, d'époque en époque, pour construire la loi instable et fragile du présent.

Ne voir qu'une cause, ne mener qu'un combat, c'est se fermer à ce qui en l'autre nous manque. C'est refuser l'intelligence collective, ce surplus qui nous échappe sans cesse, et qui sans doute nous définit en tant que conscience.

Mais refuser la cause des causes ne doit pas, à l'opposé, nous pousser à adopter la moindre contrebande idéologique, sans en mesurer la pertinence et la cohérence avec le reste de notre univers mental.

Entre la monophonie et la cacophonie, il existe la polyphonie. Elle se joue à la confluence de voies qui, bien que divergentes, contribuent à une harmonie d'un ordre plus ample, plus raisonnant, plus ambitieux.

Je vais me contenter d'évoquer quatre causes contemporaines qui pourraient jouer ensemble dans le même orchestre. Je ne les cherche pas loin, je puise autour de moi (et même en moi).

1. Le tirage au sort

Empêcher que les gens de pouvoir ne s'accaparent le pouvoir, notamment qu'ils définissent eux-mêmes les règles de leur juridiction. Solution : plutôt qu'élire nos représentants, on les tire au sort. Alors ils ne représentent plus aucun parti, aucune église, mais exercent leur bonne intelligence pour une courte période, avec la certitude de ne jamais retrouver le pouvoir.

2. Le revenu de base

Instaurer de la naissance à la mort un revenu inconditionnel, faire en sorte que l'argent devienne une ressource aussi abondante que l'air, justement parce qu'il est tout aussi indispensable que lui pour la vie.

3. Le domaine public

Œuvres, logiciels, théories, services... étendre sans cesse les territoires en libre accès à tous, dans une logique d'abondance et en finir avec les pénuries artificiellement créées pour le bénéfice de quelques-uns.

4. La complexité volontaire

Pour accroître nos libertés, nous devons par tous les moyens, notamment l'interconnexion, accroître la complexité du système afin de le rendre incontrôlable par des entités centralisées. J'ai décrit ce combat dans *L'alternative nomade*.

Un peu de logique

Nous devons sans cette étendre cette liste, puis nous amuser à faire interagir les idées par un jeu d'implications. Je ne vais pas tenter d'être exhaustif, juste esquisser ce qui pourrait être développé.

1/ Tirage au sort => Imprévisibilité => Complexité

2/ Complexité => Impossibilité de contrôler, notamment la monnaie => Crises => Nécessité de distribuer la création monétaire pour plus de résilience => Revenu de base

3/ Revenu de base => Sécurité alimentaire et sanitaire pour tous => Plus grande possibilité de s'engager dans la société du don => Extension du domaine public

4/ Extension du domaine public => Ouverture à tous de la culture => Plus d'égalité => Tout le monde apte, un temps, à exercer le pouvoir => Tirage au sort

5/ Tirage au sort => Acceptation que l'intelligence est un bien commun => Recour à l'intelligence collective => Vaste domaine public dans lequel elle peut se déployer sans entrave.

6/ Domaine public => Les producteurs qui l'alimentent doivent pouvoir s'alimenter => Revenu de base

7/ Revenu de base => Possibilité de dire non (à un patron qui exigerait de nous quelque chose d'inacceptable) => Plus de liberté => Plus de puissance d'action et d'interaction => Plus de complexité.

Je pourrais longuement argumenter les implications, en ajouter des dizaines, mais, à ce stade, la méthodologie m'intéresse avant tout. Il ne s'agit pas de chercher l'idée ultime mais d'organiser notre boîte à outils, en veillant qu'un flux circule sans cesse entre toutes les cases et que de nouvelles jaillissent.

Quand nous parlons d'une idée qui nous tient à cœur, nous serions tous plus forts si nous gardions à l'esprit les multiples rhizomes qui s'en échappent. Sinon nous risquons de plonger dans le dogmatisme, pire dans le constructivisme.

Il n'existe pas une solution miracle. Ce n'est pas le revenu de base ou le tirage au sort qui nous tirera d'affaire, mais un faisceau de possibilités entremêlées.

Leur mise en œuvre ne sera que parcellaire, ponctuelle, hasardeuse. N'attendons pas une loi qui instaurerait tel ou tel nouveau principe. Elle serait en contradiction avec la chaîne des implications qui introduit l'imprévisibilité. Nous devons œuvrer dans le champ des consciences. Nous devons labourer ce terrain, à commencer par les terres qui nous appartiennent en propre.

Une seule chose me paraît évidente, si nous continuons à œuvrer chacun dans nos îles, nous nous ferons tous croquer par nos adversaires. Ils n'ont que faire de la liberté, de l'égalité, du domaine public. Ils n'ont jamais été aussi puissants. Notre monde pour eux n'est pas en crise. Ils sont les rois de la crise. Le monothéisme politique ne les effraie pas.

Message à nos rénovateurs politiques : vous buguez

14 février 2013

Politiciens, je vous aime, j'apprécie votre énergie débordante, je salue vos idées, mais je suis chagriné. J'ai passé 2012 en compagnie d'Ératosthène, à chercher à comprendre pourquoi les Grecs du IIIe siècle avant JC avaient rejeté ses idées et je retrouve à l'œuvre chez vous les mécanismes qui jadis ont conduit à la fin d'un âge d'or.

Pour la plupart, vous ne remettez pas en question la nécessité du pouvoir. Vous en critiquez la corruption, les débordements, les imperfections, mais vous refusez de mettre au rebu le mode de management patriarcal.

«Nous avons toujours eu des chefs, nous aurons toujours des chefs», dites-vous en substance. Et si le bug c'était justement ce dogme, et s'il n'était pas perfectible, et s'il fallait tout simplement, peu à peu, s'en débarrasser ?

Tirage au sort et non-cumul des mandats ne valent guère mieux que le népotisme électoral ou que la dictature des experts. Ouvrez les yeux ! Adeptes de ces écoles, parce que vous menez un combat en apparence juste, vous attirez des sympathisants et oubliez cette sagesse immémoriale : nul homme ou femme, ou presque, n'est capable de résister au pouvoir.

Dans ma jeunesse, quand je suis devenu rédacteur-en-chef et que j'ai hérité d'un peu de pouvoir, je me suis vu changer. Depuis, je n'ai cessé de voir les gens changer sous le même joug. Vous aussi avez changé. Difficile de garder ses distances, de ne pas succomber au charme des responsabilités et de la gloriole qu'elles engendrent. On est soudain plus beau, plus attirant, plus sexy, et parfois même plus riche, et si on ne l'est pas, on vit tout de même comme un riche. Regardez votre façon de vous habiller, de vous tenir, de parler. Vous ne remarquez rien. Vous sentez déjà le vieux politicien rabougri.

Le pouvoir est nocif. Même à petite dose. Déjà dans les associations de quartier les présidents se la jouent. Vous-même ne résistez pas au plaisir d'être des leaders d'opinion. Vous tombez dans le piège que vous dénoncez.

Bon sang, changez de fusil d'épaule. Le pouvoir ne doit pas être donné ou loué ou concédé. Il soit être réparti, distribué entre tous. Voilà pourquoi j'attache une importance démesurée aux idées qui vont en ce sens. J'en liste quelques-unes, pour le plaisir, aussi parce que, il faut le répéter, notre avenir ne sera radieux qu'à travers elles.

1/ **Revenu de base.** Distribution de la création monétaire.

2/ **Domaine public.** Distribution de la culture.

3/ **Open source.** Distribution du code informatique.

4/ **Internet.** Distribution de l'information, de la puissance de calcul, de la communication…

5/ **Imprimantes 3D.** Distribution de la capacité de production industrielle.

6/ **Énergies renouvelables.** Distribution de la production énergétique.

7/ **Amap.** Distribution de la production alimentaire.

Notre avenir se joue sur ces champs de bataille, non pas dans ceux que vous menez. Oubliez les hommes et les femmes de pouvoir, faites en sorte qu'ils en aient de moins en moins parce que nous en aurons toujours plus. Ne cherchez pas des subterfuges pour les limiter. Rendez tout simplement le pouvoir abondant. Libérez-le.

Petite objection au tirage au sort

Supposons-le instauré. Qu'est-ce qui empêche des partis de se former, les gens de se réclamer des uns et des autres, et puis de prendre le pouvoir en leur nom quand ils sont tirés au sort, et même de procurer quelques avantages aux membres de leur parti, ce qui incitera plus de gens à le rejoindre ? Rien. Le tirage au sort ne présente que peu d'avantages par rapport aux modèles électifs : il serait sans doute plus économique, mais beaucoup moins amusant (et nous avons besoin de divertissements, le jeu politique n'étant pas des moindres, il a pour vertu de détendre l'atmosphère le temps des élections).

Le revenu de base comme jardin d'Éden

18 février 2013

Dans le jeu de la vie, ce Go évolutionniste auquel s'adonnent les apprentis programmeurs, il existe des jardins d'Éden : configurations auxquelles on n'aboutit jamais, auxquelles les règles ne peuvent pas mener (mais à partir desquelles les parties pourraient continuer si on y était téléporté).

Aux Échecs, des situations semblables peuvent être imaginées. Leur impossibilité désoriente les grands maîtres.

Gregory Chaitin a démontré que dans l'ensemble des nombres réels, une infinité de nombres n'avaient aucune existence. Aucun calcul ne mène à eux.

Ces exemples montrent que l'évolution entre une position permise et certaines autres positions n'a aucune chance de survenir. C'est vrai dans le monde des jeux, en mathématique, sans doute aussi dans nos sociétés.

En toute probabilité, nos monnaies actuelles ne transiteront jamais vers un mécanisme de création monétaire décentralisé. Jamais ceux qui profitent de la création ne la concéderont. La seule solution est alors d'imaginer un jardin d'Éden à partir duquel booter un nouveau système monétaire. OpenUDC pourrait être ce système, si seulement la communauté des développeurs s'en saisissait.

Mais ça coince.

Des libristes inconsistants

Sans monnaie libre reposant sur un revenu de base, il ne peut exister de logiciel réellement libre. Sans monnaie libre, les développeurs dépendent pour leur subsistance d'une monnaie privative telle que l'euro. Une économie du partage n'est possible que grâce à des monnaies équitablement partagées. La priorité de tous les développeurs devrait être de mettre au point la technologie *ad hoc*, plutôt que de perdre du temps à cloner des produits commerciaux.

Espoir insensé dans le crowdfounding

Cette technique de financement par le don communautaire profite avant tout aux créateurs de plate-formes, qui ponctionnent les échanges, et qui dans leur plan marketing se pressent de mettre en évidence quelques success-stories. Mais une société ne repose pas que sur des stars. Son économie doit profiter à tous. Le crowdfounding n'a aucune chance de fonctionner à grande échelle dans un système monétaire reposant sur la rareté. Aujourd'hui, le partage ne se joue que sur les marges, et il renforce la position des dominants (Google, Facebook, Apple...), qui d'un côté prônent le partage, mais eux-mêmes ne le pratiquent pas, ou très peu.

La piste intérieure

De nombreux acteurs du libre, du partage, de la neutralité du Net pensent poursuivre leur effort grâce aux dons extraordinairement généreux de quelques institutions ou fondations. Ils risquent alors d'être avalés par le système qu'ils comptent rénover. Bénéficiant à titre exceptionnel d'une ressource rare, ils se verront attachés à leurs ennemis, à moins que la tactique du judoka ne soit toujours à leur esprit : détourner la force de l'ennemi contre lui-même.

Est-ce tenable à longue échéance ? Le capitalisme a toujours autorisé en lui-même sa propre critique, mais dans une limite qu'il juge raisonnable. Le partage n'est pas dans son ADN. Le partage est un moyen pour quelques acteurs de capitaliser. L'oublier, c'est perdre son temps, s'illusionner dangereusement.

Rebooter ne sera pas simple. Sans doute que le nouveau système monétaire sera très vite interdit, mais tant que nous communiquerons, nous pourrons l'utiliser. Et si le modèle de société qu'il engendre est plus juste, plus inspirant, plus excitant, il s'imposera.

Communiquer est le maître mot. Il faut commencer, dès à présent, entre des acteurs de champs encore disjoints, mais qui, une fois interconnectés, engendreront des transformations profondes qui étaient impensables isolément. Pas de libre, de domaine public, de gestion sereine des biens communs, sans revenu de base et réciproquement. S'enfermer, refuser la transversalité, c'est encore une fois se condamner et faire le jeu des apôtres de la rareté.

On a rebooté une société sans esclaves (*pending*). On a tenté de rebooter une société où femmes et hommes ont les mêmes droits (*pending*). Un reboot n'est jamais instantané, jamais gagné, mais il n'existe parfois pas d'autres échappatoires. J'espère que nous aurons la sagesse d'éviter une guerre de Sécession.

Des limites du revenu de base

10 septembre 2013

Cette somme forfaitaire versée à chacun de nous de manière inconditionnelle de la naissance à la mort ne serait qu'une façon de décentraliser la création monétaire. Cet argent ne serait pas pris de la poche de quelqu'un, il serait injecté dans l'économie *ex nihilo*.

Il en va toujours ainsi avec l'argent (pour preuve, il n'a pas toujours existé). Ce n'est pas quelque chose de réel, mais juste une commodité ajustable. Passons.

Par « décentraliser », certains entendent cette mode administrative de déléguer les problèmes vers les régions, ce qui revient à élargir la base de l'arbre hiérarchique, mais sans couper le cordon avec le gouvernement central. Cette décentralisation à la socialiste ne l'est que par le nom. Au contraire, décentraliser revient à couper le cordon. À faire que quelque chose se produise partout sans coordination centrale.

Petit problème méthodologique : comment une mesure décentralisée, qui implique de renoncer au pouvoir, peut-elle être prise par un organe centralisé, qui ne vit que par le pouvoir et sa perpétuelle accumulation ?

Il est bien rare que quelqu'un coupe la branche sur laquelle il est assis. En URSS, Gorbatchev ne l'a fait que par maladresse. Un pouvoir ne renonce au pourvoir que quand on le lui arrache. Il faudra donc se battre pour le revenu de base, et pas seulement se battre dans l'État de droit, car il faudra transformer la nature profonde de cet État.

Ce passage par la force, pouvoir contre pouvoir, me préoccupe. J'aime l'idée du revenu de base mais je ne vois pas comment elle pourrait advenir par un chemin éthiquement acceptable.

En écrivant *Le geste qui sauve*, j'ai appris qu'un changement de comportement ne survient qu'avec une approche multimodale. Il ne suffit pas d'une nouvelle technologie, le revenu de base comme technologie monétaire, il faut expliquer, former, laisser les gens adopter chacun à leur rythme, il faut mesurer l'efficacité des actions, leurs progressions, créer des boucles de feedback... Tout cela n'advient que si la nouveauté peut se passer de la main à la main. Que si chacun peut se faire le prosélyte de la mesure. Que s'il peut convaincre ses amis de le suivre. Pensez à Gandhi. Cela implique qu'à tout moment chacun a le choix d'en être ou non.

Le revenu de base ne peut donc être imposé par le haut. Il doit naître avec un système monétaire émergeant. Il n'est pas un combat politique au sens traditionnel, mais une technologie qui doit être déployée dès à présent par quelques aventuriers. Les autres approches, notamment le lobbyisme dans les vieilles instances, n'est que perte de temps.

Bitcoin et le 2.0, l'asymétrie finance la croissance

16 septembre 2013

J'espère me tromper. Une idée déplaisante m'est venue en vélo au milieu d'une pente sévère. Je me suis dit : «Hors de question que cette pente s'efface pour ceux qui pédalent derrière moi, ce serait même mieux si elle devenait de plus en plus difficile en même temps que mes poursuivants rajeunissent.»

Un système monétaire asymétrique avantage les premiers entrants. Par exemple, nos monnaies traditionnelles avantagent les vieux sur les jeunes qui naissent avec la dette des États à rembourser (la dette des vieux). Ça paraît inacceptable, insupportable, et pourtant personne ne se révolte (encore).

Une autre possibilité existe : une monnaie avec un revenu de base qui respecterait la TRM, garantissant la symétrie. Résumé : «Peu importe quand tu rentres dans le système, tu n'es pas désavantagé.»

Si un tel système peut théoriquement fonctionner, est-il compatible avec la nature humaine ? Impossible de ne pas se poser cette question à laquelle les maths ne répondront pas.

On peut interroger la raison du succès de Bitcoin, et d'une manière générale de presque tous les services 2.0, notamment les réseaux sociaux. L'asymétrie favorise les premiers entrants parce que, plus le temps passe, plus le coût d'acquisition des followers croît. J'ai envie de postuler que cette asymétrie est une condition nécessaire du succès. Si en tant que premier entrant je suis avantagé, j'ai tout intérêt à vanter le service. Plus il se développera, plus j'en tirerai profit. Et les suivants m'imiteront. La perspective de croissance génère son propre marketing de recrutement. L'asymétrie finance la croissance.

Un service ou une monnaie symétrique peut-il se développer ? Les premiers entrants ne doivent compter que sur leurs convictions. Ils n'ont rien d'autre à gagner qu'une satisfaction éthique. Comme dans nombre d'associations, ils risquent assez vite de se fatiguer. L'asymétrie dresse une armée de combattants quand la symétrie les décourage.

Quid pour le revenu de base ?

Si je vois des gens qui s'échinent à le mettre en place à partir de monnaies alternatives, j'ai tout intérêt à les laisser faire en me disant que je les rejoindrai quand ça marchera. Beaucoup d'entreprises jouent à ce petit jeu, entrant *a posteriori* sur des marchés ouverts par d'autres.

Le problème : pour créer une nouvelle monnaie symétrique, il faut beaucoup de volontaires, peut-être trop pour que le boot se produisent sans un coup de booster comme la prime aux premiers entrants.

Si le boot est impossible, il ne reste plus qu'à espérer dans l'approche top-down : qu'un politicien éveillé impose le revenu de base. Il me semble que cette option n'a qu'une faible chance de se produire, mais peut-être est-ce la dernière ? Peut-être devrons-nous la conquérir par la force, quand l'asymétrie deviendra insupportable.

Sommes-nous capables de vivre avec la symétrie, tant bien même elle introduit plus de justice ? N'est-elle pas contraire à notre biologie ? Nous grimpons une montagne, puis la dévalons, rarement à la vitesse où nous l'avons escaladée.

Le revenu de base et l'instabilité

28 septembre 2013

En donnant à chacun de quoi subvenir à ses besoins élémentaires, le revenu de base conférerait aux citoyens d'une zone monétaire le pouvoir de dire « Non ! ».

— Non, je ne fais pas ton ménage si tu ne me payes pas mieux.

— Non, je ne ramasse pas tes poubelles si tu ne me payes pas mieux.

— Non, je ne m'occupe pas de tes enfants si tu ne me payes pas mieux.

— Non, je ne changerai pas tes pansements si tu ne me payes pas mieux.

Ce serait un électrochoc dans la société hiérarchique bien ordonnée. Plus rien ne serait prévisible, les esclaves se révolteraient. Voilà pourquoi les esclavagistes n'accepteront jamais cette réforme du système monétaire et se battront contre elle jusqu'à la mort.

D'un autre côté, ne leur en déplaise, le revenu de base aurait l'intérêt de consolider la société, et même de la rendre antifragile, qualificatif inventé par Taleb pour décrire un état plus solide que le solide, caractérisé par un désordre non excessif qui a pour effet de stabiliser le système.

Des « non » imprévisibles et des « oui » tout aussi surprenants engendreraient un bruit perpétuel qui nous entraînerait à réagir en cas d'imprévus et nous aiderait à mieux encaisser les black swans.

Taleb donne l'exemple de la Suisse fédérale, perpétuellement agitée par des référendums, venant contrecarrer les plans des politiciens, selon un mécanisme bottom-up. Toujours d'après Taleb, cette agitation, parfois désagréable à vivre, n'engendre pas moins des effets bénéfiques sur le long terme. La Suisse est le pays le plus stable, et pour cette raison, les riches y placent leur argent, assurant la prospérité du pays.

Alors il ne serait pas surprenant que la Suisse devienne le premier pays à adopter le revenu de base. Tous les Suisses en ont entendu parler. Tous savent s'ils voteront oui ou non. Des partis l'ont placé à leur programme. La Suisse habituée au bruit acceptera sans doute sa légère augmentation, en échange d'une antifragilité plus grande.

Qu'est-ce que la liberté ?

18 octobre 2013

Répondre à cette question est une nécessité quand on fonde sur elle une théorie monétaire, une ligne de vie, une posture en toute chose.

Dans ses Commentaires sur les quatre libertés économiques, un point central de sa TRM, Stéphane Laborde écrit :

> *La liberté est établie comme tout ce que **peut réaliser** l'individu conformément à la **non-nuisance** vis-à-vis des autres individus vivants et futurs. Cette non-nuisance peut être définie ou comprise en un endroit (x,y,z,t) précis de l'espace-temps et n'en a pas moins des propriétés d'évolution ou de révolution.*

Cette définition contient deux termes étroitement liés, « peut réaliser » et « non-nuisance ». Le second est posé sans être suffisamment discuté. Après cette discussion bien des choses peuvent soudain se brouiller, un magnifique édifice vaciller.

Un exemple. Quand on a commencé à construire des moteurs à explosion au XIXe siècle, on n'a pas pensé au réchauffement climatique, ce point était hors du pensable. Souvent quand on fait quelque chose, on ne sait pas si on va nuire ou ne pas nuire à plus ou moins longue échéance. Parfois même, on croit œuvrer pour le bien d'autrui tout en lui nuisant : le modèle soviétique ou, plus bêtement, les herbicides censés simplifier la vie des agriculteurs et qui démultiplient leurs chances de cancer (et les nôtres).

Ce qui est nuisant ou non-nuisant n'est très souvent pas de l'ordre du connaissable. Quand nous agissons, nous ne pouvons presque jamais avoir de certitude quant à la non-nuisance de nos actes dans l'espace-temps. Certaines nuisances peuvent même s'avérer bénéfiques à terme (les malades de la drépanocytose sont peu sensibles au paludisme).

La nuisance est par ailleurs une notion relative comme l'a expliqué Spinoza. Le poison n'est pas nocif pour le serpent, mais mortel pour ses proies. Dans bien des cas, nous ne pouvons dire ce qui est nocif ou pas pour autrui. Un gâteau le sera pour un diabétique et pas pour un osseux comme moi (*dixit* François Bon).

Quand on définit la liberté en se référant à la non-nuisance, on montre de fait que cette liberté ne se conçoit que dans un vaste réseau d'interactions sociales. Or ce réseau, par sa complexité, est lui-même inconnaissable. Selon la définition de Stéphane, personne ne peut se déclarer libre faute de cette connaissance. *A contrario*, on peut affirmer :

> *La non-nuisance ne peut être définie en un endroit précis de l'espace-temps parce que son évolution est imprévisible. La nuisance ne survient que rarement à l'instant d'une action (je te tire une balle dans la*

tête), mais le plus souvent bien plus tard (pollution, traumatisme, paupérisation…).

La définition de Stéphane est en fait partagée par de nombreux libéraux ce qui explique les dérives du modèle libéral. Elle présuppose une toute-puissance de l'être, une domination de soi et de l'environnement qui me donne froid dans le dos. Tout parent un peu attentif apprend que la nuisance est une notion hasardeuse. Une punition peut nuire dans un cas, pas dans un autre. Nous ne sommes en ce domaine pas dans le déterminisme, mais dans l'humain.

Souvent notre libre arbitre ne peut pas s'exercer. Si quelqu'un se noie, si j'en ai la possibilité, je tenterai de le sauver. Je ne me poserai pas la question de savoir si je dois le faire ou non. Je n'exercerai pas ma liberté. J'agirai poussé par un sentiment éthique.

Dans d'autres situations, l'exercice du libre arbitre dépend d'une montagne de contingences : notre niveau d'éducation, notre milieu, notre fortune, nos amis, notre situation professionnelle, notre notoriété, notre santé… De nombreux amis m'ont par exemple ouvert les yeux sur l'usage des libertés numériques. Il ne suffit pas d'y avoir techniquement accès pour y accéder. Nous ne sommes pas égaux devant la liberté.

Voilà pourquoi une forme d'État est nécessaire, n'en déplaise aux libéraux. La « non-nuisance » ne contient pas la « solidarité ». La solidarité s'impose à cause des inégalités qui ne cessent de jaillir du bouillon humain. Certains naissent avec des nuisances congénitales contre lesquelles mon éthique me pousse à me révolter. Ne pas agir revient souvent à nuire.

Il n'existe aucune symétrie humaine entre la naissance et la mort. Des conditions antérieures nous déterminent, des évènements nous envoient sur des routes imprévues. L'instance humaine ne peut qu'être floue, incertaine. Présupposer une telle symétrie pour fonder un système monétaire risque de conduire à une impasse pratique. Ce constructivisme pourrait même s'avérer aussi dangereux que bien des *ismes* du passé si nous ne le pondérons pas avec tous les impondérables.

Construire un système sur la symétrie, c'est nuire à tous ceux qui s'écartent de cette symétrie. C'est donc restreindre leur liberté. Les libéraux sont souvent des tortionnaires bien intentionnés. Hommes blancs éduqués, ils rêvent d'un monde qui ne vaudrait que pour eux. Sans doute trop cartésiens, ils négligent la merveilleuse leçon d'Edgard Morin :

La connaissance progresse en intégrant en elle l'incertitude, non en l'exorcisant.

Redéfinir la liberté

Je suis trop attaché à la liberté, notamment à ma liberté, pour m'arrêter à une critique de la définition communément admise par les libéraux.

Trois constatations :

1/ La liberté n'est pas définissable de manière univoque en ce sens qu'un individu libre est libre de proposer une définition de ce qu'il entend par liberté.

N'empêche il peut exister des définitions invalidées par la nature même du monde (la nuisance est imprévisible).

2/ Je me sens aujourd'hui plus libre qu'hier. J'en déduis que la liberté se gagne ou se perd.

3/ Un fanatique de lecture emprisonné peut encore se définir comme libre tant qu'il a la possibilité de lire tous les livres qu'il souhaite. À sa place, un chasseur ne songerait jamais à se définir comme libre.

La notion de liberté est donc relative, la liberté dynamique, ce qui me paraît en accord avec le second Wittgenstein. Il n'existe aucune définition absolue de la liberté, seulement des possibilités d'usage du mot liberté.

D'ailleurs, je suis beaucoup moins libre de penser Wittgenstein que quand j'avais trente ans, époque où mon cerveau manipulait les abstractions avec plus de facilité. De même, quand nous tombons malades, nos possibilités existentielles se transforment. Nous cheminons vers la liberté. Le sentier nous en approche jusqu'à ce qu'au détour d'une boucle il nous en éloigne avant de nous en approcher à nouveau.

La liberté se vit. Fonder un raisonnement à partir de ce qu'elle serait *a priori* me paraît aléatoire, d'autant plus quand ce raisonnement est mathématique. Au mieux, nous pouvons peut-être définir un indice de liberté. Chaque fois que nous rompons une des chaînes qui nous entrave, nous gagnons des points (passons du statut de salarié à celui de freelance) ou inversement en perdons lorsque nous nous enchaînons (souscrivons un crédit pour 20 ans).

Mais être salarié sécurise, donne sans doute de la liberté ailleurs, au point parfois de souscrire un crédit,

crédit qui lui-même autorise de lancer des projets sinon inenvisageables. L'indice est donc nécessairement individuel. Il nous permet de marquer d'une croix les étapes sur notre chemin de vie.

La liberté aussi floue qu'elle soit n'en reste pas moins un concept d'usage parce que nos définitions s'entre-croisent suffisamment pour que nous nous comprenions lorsque nous l'évoquons, et plus fondamentalement quand nous la poursuivons.

Dans ce brouillard d'incertitude, nous ne naissons pas libres et égaux. Nous ne pouvons que mettre en œuvre une société donnant une chance à chacun de tendre vers cet idéal qui se double d'une responsabilisation croissante. Je ne peux plus accuser les autres de ne pas faire ce qui doit être fait. Quand on marche vers la liberté, on s'arroge des responsabilités jusque-là prérogative de l'État.

Les quatre libertés économiques en question

Une fois la liberté définie, Stéphane pose au fondement de sa TRM quatre libertés, tout aussi discutables.

Liberté 0 : L'individu est libre du choix de son système monétaire.

Bien sûr que non. Je suis né dans un système monétaire. J'utilise l'Euro. Je ne l'ai pas choisi. Si maintenant il me déplaît, je peux en conjonction avec lui décider d'adopter d'autres systèmes pour l'abandonner peu à peu. Je ne peux que choisir de transiter vers un autre système monétaire. Si celui que j'appelle de mes vœux n'existe pas, je dois d'abord œuvrer pour son avène-ment. Dans cette attente la liberté 0 n'est pas ouverte.

Rappel : rien ne prouve que l'avènement d'un nou-veau système ne sera pas nocif. Une prise de risque s'im-pose. Il faudra juger au jour le jour, prendre en compte l'incertitude, en tirer des enseignements.

L'analogie avec le logiciel libre est intéressante. Né avec les logiciels privateurs, je peux choisir de transiter vers les logiciels libres. Ce choix est vite compliqué parce qu'il n'existe pas réellement de moteurs de recherche libres, ni de correcteurs orthographiques libres et convaincants. Je suis juste libre en adoptant le logiciel libre à 100 : de restreindre mes libertés numériques.

En conséquence, je me promène entre deux mondes, je prends le meilleur de chacun, je pondère, je négocie… Je vis dans une société humaine non pas dans une utopie construire sur le papier.

Remarque : le tout logiciel libre serait peut-être une impasse. Aujourd'hui, l'innovation nous vient des logi-ciels privateurs plutôt que des logiciels libres (mais rien d'étonnant puisque nous payons les développeurs avec une monnaie elle-même privative).

Liberté 1 : L'individu est libre d'utiliser les ressources.

Bien sûr que non. Nos ancêtres se sont crus capables d'utiliser sans vergogne les ressources naturelles jusqu'à ce que la finitude du monde nous saute à la figure. Cette liberté n'a été possible que par ignorance d'une nuisance à venir, ignorance qui ne peut être éliminée.

Dès que nous utilisons une ressource, un risque systémique existe, qui exige discussions, concerta-tions, vigilances et finalement prise de risque. Quand on choisit d'utiliser une ressource, on n'engage pas que soi. L'interdépendance nous lie.

Liberté 2 : L'individu est libre de produire toute valeur.

Bien sûr que non. Je ne peux produire que ce dont je suis capable. Je ne peux choisir de produire que parmi les possibilités à ma disposition ce qui m'éloigne du « toute valeur ». Si j'étais aveugle, j'aurais du mal à dessiner une BD. Si j'ai envie de composer une symphonie, je dois me satisfaire de mon envie. Je ne peux même pas la composer dans mon esprit, vu ma nulité en musique.

Cette liberté 2 n'est envisageable que dans un monde utopique où l'égalité friserait celle en vigueur dans une armée de clones. C'est justement parce que nous ne pouvons créer « toute valeur » que nous formons société. Il y a en l'autre ce qu'il n'y a pas en moi (j'ai montré dans L'alternative nomade que la liberté jaillissait justement de cette dichotomie).

Stéphane écrit :

> *Les individus vivants, ou nouveaux entrants dans l'espace de vie, comparent conceptualisation et raisonnements anciens et nouveaux, et adoptent ceux qui leur paraissent les plus conformes à leur propre compréhension, ou bien conformes à leurs objectifs, ou bien encore selon bien d'autres modalités que nous n'avons pas à juger.*

Et si l'individu est incapable de « comparer conceptualisation et raisonnements anciens et nouveaux » ? Et si l'individu n'a pas de compréhension en propre ou si sa compréhension est limitée, ou biaisée par un système éducatif totalitaire ou pernicieux ? On ne peut pas écarter aussi facilement les inégalités.

Nous formons sociétés. Nous sommes en mêmes temps individu et *nous*. L'individu seul en haut de son perchoir de liberté est une chimère. Une illusion née dans des esprits emportés par la fièvre de la première révolution industrielle.

Liberté 3 : L'individu est libre d'échanger « dans la monnaie ».

Bien sûr que non. Si je suis seul dans le système monétaire que j'ai « choisi », je ne suis libre de rien du tout. Pas plus si nous ne sommes pas assez nombreux pour former société dans la nouvelle monnaie. En attendant cet avènement, je suis bien obligé d'échanger aussi dans une autre monnaie.

Stéphane écrit pour finir :

La non-compréhension de ce point ne relève donc que de l'ignorance des modes de raisonnement relativistes.

Je peux écrire au sujet de ce que je viens de dire sur la liberté :

La non-compréhension de ce point ne relève donc que de l'ignorance de l'indéterminisme de la nature humaine (de sa relativité).

Pour autant, la TRM est une passionnante, fondamentale et révolutionnaire expérience de pensée. Dans un monde idéal de liberté également distribuée où l'interdépendance ne contraindrait pas les individus, elle montre la nécessité d'un revenu de base et nous donne des pistes plus qu'intéressantes quant à sa mise en œuvre, mise en œuvre dont on peut ressentir la nécessité par bien d'autres raisonnements (équité sociale, redistribution de la création monétaire, droit à ne pas travailler...). Par-dessus tout, la TRM nous permet d'imaginer des monnaies libres que nous pouvons tester tout de suite (alors le modèle théorique se frottera à la pratique).

Après l'ouvrianat,
le revenu de base

20 janvier 2014

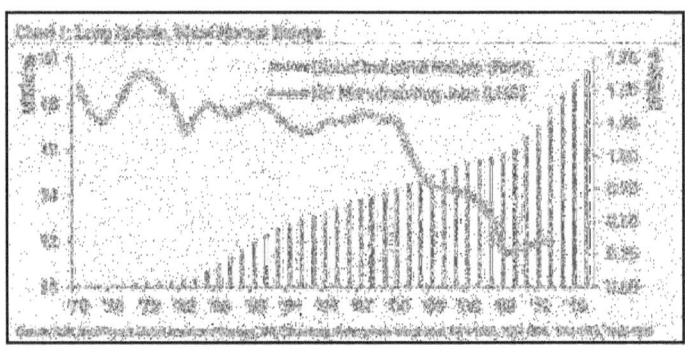

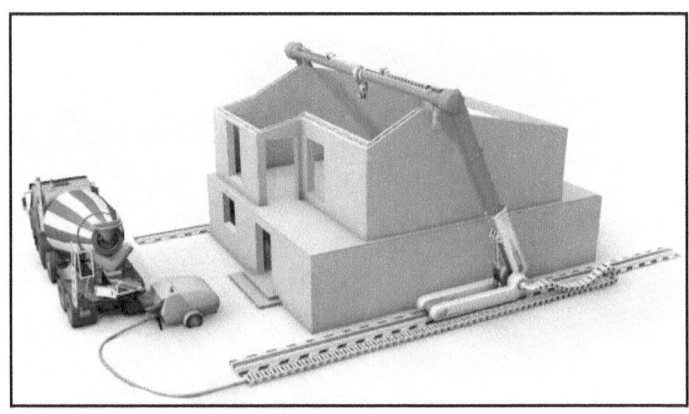

Deux images suffisent à démontrer pourquoi le revenu inconditionnel pour tous ne peut que s'imposer. La première illustre la décroissance du travail manufacturier comparé à la croissance du travail robotisé. La seconde montre une imprimante 3D qui construit en une journée une maison individuelle.

J'aurais pu ajouter d'autres images. Montrer que le coût de l'énergie ne peut que s'effondrer. Nous ne traversons qu'une crise des énergies fossiles. Que d'autres coûts s'effondreront avec leur automatisation. Je pense à la comptabilité. Qui n'est toujours pas automatisée pour nous donner le droit de magouiller. Et jusqu'à l'enseignement peut-être... quand je vois ce qu'on impose à mes enfants, je me dis parfois que des robots seraient moins nocifs que des profs déprimés et amorphes.

Parce que si nous n'instaurons pas le revenu de base inconditionnel, nous nous dirigerons vers une société de trop grands déséquilibres. Les possesseurs d'imprimantes et de robots (entendez aussi et surtout robots logiciels) seront les seuls ou presque à engranger des bénéfices.

Cette critique n'est pas neuve. Mais au temps glorieux du marxisme, les usines avaient encore besoin d'ouvriers. Nous entrons désormais dans l'âge de *L'après ouvrianat* ou l'âge *Des seuls patrons*. Et quand il est seul, le patron s'ennuie, d'autant que plus personne n'a les moyens de consommer les biens qu'il produit. Le revenu de base sera donc mis en place par le capitalisme lui-même, pour se donner un peu d'air. La gauche aurait tort de refuser cette largesse au nom de ses anciens combats. Mieux vaut être attaché à un compte en banque auto rempli qu'à une machine-outil bruyante. Après, le combat reste à l'ordre du jour, et avec plus de temps libres, il se mènera sur plus de fronts et avec plus d'énergie.

En quelque sorte, le revenu de base simulera la croissance. Les nouvelles liquidités introduites quotidiennement dans l'économie permettront de faire vivre le jeu de l'offre et de la demande (ce qui change peu de choses par rapport à la situation actuelle). Ce sera un peu comme si les casinos offraient de l'argent aux joueurs pour que les machines à sou continuent de tourner.

Sans revenu de base, nous basculerions vers une société de maîtres et de vrais esclaves. Une société pas très bandante pour les maîtres. Il est plus cool d'être admirés dans les pages people que d'être craint par la plèbe. Le maître veut être aimé pas vilipendé. Il a besoin que son peuple ait le loisir de faire son éloge.

Le revenu de base signera paradoxalement la fin du capitalisme. Après *L'âge des hommes* viendra *L'âge des machines*. Elles finiront par remplacer les patrons. De nouveaux fronts s'ouvriront, encore et encore.

Road map vers l'utopie

25 février 2014

Il suffit de suivre un fil de news pour constater que quelque chose cloche dans le monde. Je reçois assez régulièrement la newsletter d'un ami qui compile pour ses proches les faits marquants du moment. Ce matin, sommaire éloquent.

1/ Le monde en 2030, selon la CIA

2/ Obama nie un retour de la Guerre froide avec la Russie, sans convaincre

3/ La lutte contre l'évasion fiscale occupe le G20

4/ Alain de Benoist « GMT : comment les USA vont continuer de dépecer l'Europe... »

5/ La Chine furieuse de la rencontre prévue entre Obama et le dalaï-lama

6/ Les banques centrales préparent les nouvelles bulles de demain

7/ L'incroyable erreur des experts du FMI

8/ 1913-2013: Le siècle perdu

9/ Les Américains ont perdu foi dans l'avenir

10/ Hollande et Obama appellent à un "accord ambitieux" sur le climat

11/ Pétrole : ces projets géants qui partent à la dérive

12/ Faut-il croire au crash sans précédent sur les marchés actions que prédit le stratégiste de la Société Générale?

13/ Le graphique qui fait resurgir le spectre du krach de 1929 à Wall Street

14/ Série de suicides dans le milieu financier

15/ Les cinq leçons du «fuck the EU!» d'une diplomate américaine

16/ Fukushima: un niveau inédit de césiums radioactifs mesuré près de l'océan

17/ Le Canada tremble face à l'arrivée des jeunes Français

18/ Mexique: arrestation de Joaquin «Chapo» Guzman

19/ La décadence de l'Empire romain: toute ressemblance...

20/ Qatar Airways tente à son tour les avions 100: classe affaires

Je n'ai aucune envie de lire ces articles. Le spectacle de leur titre suffit à me désespérer. Alors que faisons-nous? Nous nous laissons entraîner vers a décadence ou nous reconstruisons? Une autre civilisation, il va sans dire, car celle qui nous a vus naître déraille. Elle est incapable de prendre en charge les problèmes écologiques, économiques et philosophiques de l'humanité. Excepté la quête du fric qui en aveugle encore certains, la plupart des humains vivent sans appétence.

Je sais que chaque époque se croit extraordinairement défaillante. Mais la nôtre est aussi extraordinaire. Nous inventons de nouvelles possibilités, tout en étant incapables de les promouvoir. C'est le big bug. Il nous reste à imaginer des scénarios de sortie de crise.

1/ La liberté s'accroît avec la complexité de la société (démonstration dans *L'alternative nomade*).

2/ C'est une liberté pour tous, ce qui n'implique pas l'égalité, sinon dans le potentiel d'usage de cette liberté.

3/ L'utopie doit donc nous maintenir sur la courbe de la complexification tracée dans les années 1940 par Teilhard de Chardin.

4/ Si l'utopie survient après une catastrophe (moins d'humains, d'échanges, de technologies…), elle débute dans un monde soudain simplifié.

5/ La simplification conduit inévitablement au totalitarisme (exemple Espagne 1936 et la fin du rêve anarchiste).

6/ Les utopistes doivent donc s'efforcer de rétablir la complexité et de la démultiplier, sinon ils risquent de tomber dans le totalitarisme, et de se prendre au jeu des pouvoirs.

7/ La complexité implique l'impossibilité du contrôle coercitif, le top-down. La seule méthode de gouvernement est l'auto-organisation (éviter de parler du bottom-up qui souvent se résume à faire remonter les idées du bas et de les soumettre aux petits chefs).

8/ Comme l'a montré Herbert Simon en 1962, la complexification s'accompagne d'une fragilisation (état de l'économie contemporaine), puis d'un effondrement (Jared Diamond).

9/ Pour éviter la catastrophe, la seule solution est la transition. Exemple dans l'histoire du vivant : le passage des êtres unicellulaires aux multicellulaires il y a en gros 0,9 milliard d'années. Une partie de la complexité globale de l'écosystème a été internalisée. Cela revient à imbriquer les complexités de manière fractale.

Pour survivre, la société utopique doit réussir une telle métamorphose.

10/ Cela revient à casser les structures de managements, à internaliser la complexité dans des communautés, tout en les liant entre elles massivement.

11/ L'utopie est nécessairement technologique. La gestion de la complexité implique un réseau de communication hyper développé.

12/ Cette utopie exige l'accroissement de l'intelligence collective, donc un haut degré de l'individuation (que chacun soit un et irréductible). Cela n'est possible qu'avec une diversification des goûts et de la consommation, notamment des biens culturels (tout le contraire de la consommation de masse).

13/ Un moyen évident de pousser cette diversification est de libérer les œuvres de l'esprit, d'en verser le plus possible dans le domaine public, de favoriser leur circulation sans entrave (ce n'est bien sûr pas l'unique moyen : un revenu de base aurait un effet semblable, et peut-être plus radical, en permettant à tout le monde se se payer les œuvres de son choix).

14/ La légalisation des échanges non-marchands, droit de faire circuler les œuvres de personne à personne, n'est donc pas une lubie de pirates, mais une nécessité pour une société qui veut transiter vers l'utopie et dépasser la crise de la complexité. Sans cette légalisation, notre niveau de conscience restera trop bas et la complexité entraînera notre écroulement (le financement de la création est un problème annexe dans cette histoire).

15/ L'utopie commence par la mise en place d'une nouvelle économie, une économie de paix par opposition à une économie de prédation. Cette nouvelle économie existe déjà. Il nous reste à la développer.

Je prends conscience que le revenu de base, en nous offrant un revenu inconditionnel, nous donnerait un accès plus libre aux biens culturels. Ce serait un démultiplicateur de l'intelligence collective. Il agirait à un niveau beaucoup plus bas que la légalisation des échanges non-marchands. Il est donc plus universel, mais cette universalité en rend la mise en place plus difficile.

La militance pour les échanges non-marchands s'attaque au problème de façon moins profonde. C'est une première étape sur la route de l'utopie. Peut-être la seule praticable. Pour preuve, elle se développe depuis de nombreuses années. Elle peut se jouer des résistances gouvernementales, même les lois finiront par s'en accommoder.

Quoi qu'il en soit, échanges non-marchands et revenu de base participent tous deux à l'économie de paix. Dans les deux cas, nous assistons à une entrave des forces de prédation de l'ancienne économie. Le pauvre et le riche accèdent aux mêmes biens culturels (biens communs). Le pauvre peut dire non au riche qui veut lui imposer sa volonté (revenue de base). Les gens se sentent moins obligés, plus libres. C'est un pas de plus vers la pacification sociale, et immédiatement vers un surplus d'intelligence collective, donc une chance de transiter, de dépasser la crise de la complexité et d'atteindre l'utopie.

Pourquoi la pauvreté augmente, n'en déplaise à la Banque Mondiale

21 mars 2014

C'est une question importante surtout quand les uns prétendent qu'il y a de moins en moins de pauvres et les autres de plus en plus. Pour commencer, personne ne s'entend sur la définition de la pauvreté.

1/ **Définition objective.** Fixer un seuil de revenu quotidien minimum. Exemple 1,25$ comme le fait la Banque Mondiale. Cet étalon bien que pratique ne veut pas dire grand-chose. Il vaudrait mieux faire débuter la pauvreté quand on consacre 80 : de ses revenus à se nourrir, ce qui souvent exige plus de 1,25$ (et il reste à se loger, se soigner…).

2/ **Définition subjective.** Si je suis obligé de marcher à pied et que tout le monde roule en voiture, je me sens pauvre, même si je mange à ma faim. Inversement, quand le soir j'assiste à un merveilleux coucher de soleil, je me sens plus riche que l'homme le plus riche du monde enfermé, au même moment, dans une salle de réunion.

Les cartésiens évacuent un peu vite la subjectivité, sous prétexte qu'on ne peut pas l'étudier et la représenter graphiquement. Ainsi il devient très facile d'éliminer la pauvreté ressentie. En France, peu de gens consacrent plus de 80 : de leurs revenus/aides à se nourrir, pourtant nombreux se considèrent comme pauvres. La souffrance d'être pauvre fait pour moi la pauvreté au moins autant que le la faiblesse du revenu.

Il existe peut-être un moyen de synchroniser les études objectives et le ressenti subjectif. Pour cela, il faut cesser de mesurer la pauvreté selon la perspective de la Banque Mondiale et des faux-monnayeurs. Comme je ne suis pas économiste, je vais me contenter d'esquisser le raisonnement (au risque d'avancer des évidences). Stéphane Laborde m'a appris à penser l'économie comme un einsteinien et non plus un newtonien.

[Newton mesure les vitesses et les accélérations par rapport à un repère qui serait fixe. Einstein remarque que rien n'est fixe. Les vitesses ne peuvent qu'être relatives les unes aux autres et à c, la vitesse de la lumière invariable dans le vide.]

L'économiste newtonien fixe en dur un seuil de pauvreté : 1,25$, tentant de tenir compte de l'inflation pour corriger ce 1,25$ dans le temps. Pour se faire, il a besoin d'étalons invariants : le MacDo, la baguette, le kilo de riz. Quand il compare le prix des autres biens par rapport à ses étalons, il néglige que dans une société sans smartphones, un kilo de riz n'a pas la même valeur que quand il existe des smartphones. Combien de kilos de riz vaut un iPhone avant l'invention de l'iPhone ? Le problème avec les étalons physiques : ils ne sont pas durables.

On peut voir les choses autrement. La valeur réelle du kilo de riz peut être estimée, à un instant t, comme un pourcentage de la masse monétaire (masse monétaire qui devient l'équivalent de c pour Einstein). Sa valeur est relative. Quand Laborde s'amuse à mesurer le pouvoir d'achat selon cette perspective, il découvre une baisse de 60 : entre 1997 et 2010, baisse que les newtoniens transforment en une augmentation selon leur perspective.

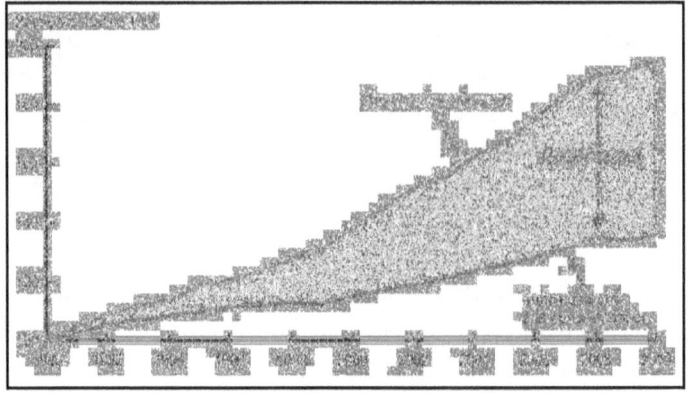

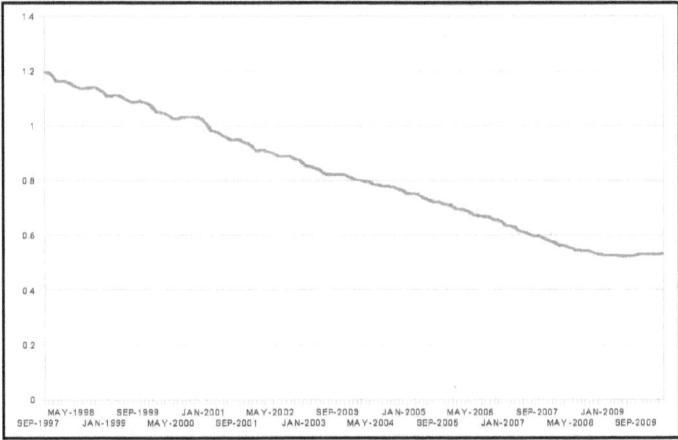

Cela signifie qu'il faut de plus en plus de milliards de kilos de riz pour représenter la masse monétaire, donc que, relativement à cette masse en augmentation, le kilo de riz perd de la valeur. Si en 1980 et 2014, j'ai les moyens de m'acheter dix kilos de riz, je suis plus pauvre en 2014 qu'en 1980 parce que la masse monétaire a augmenté entre temps (oublions les optimisations de l'agriculture productiviste). Cette dégringolade correspond étrangement au ressenti des gens, habitués à se comparer les uns aux autres plus qu'à se mesurer dans l'absolu.

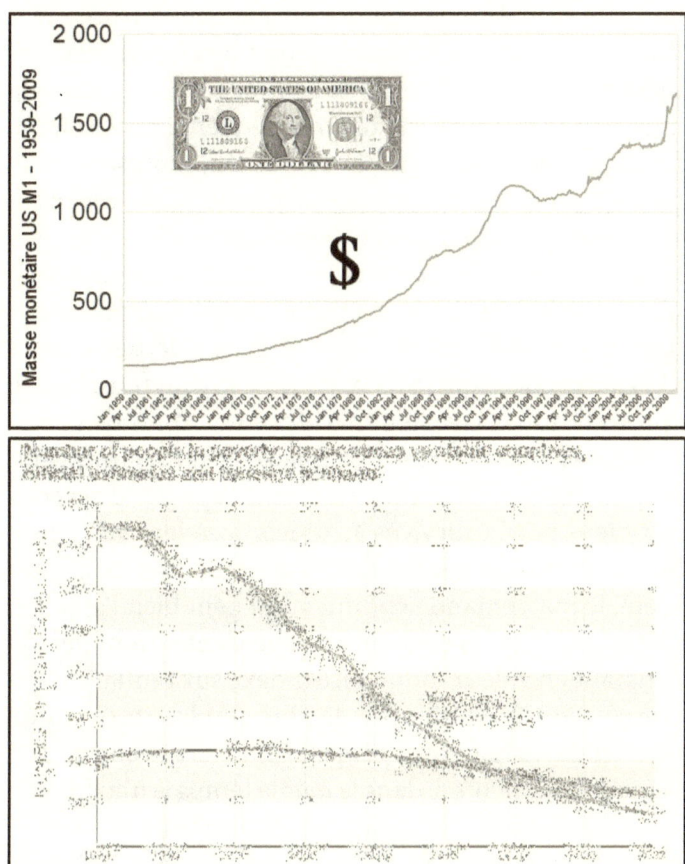

Pourquoi la pauvreté s'accroît ?

Les banquiers fabriquent constamment de l'argent et cet argent atterrit dans leurs proches et celles des très riches qui deviennent encore plus riches. Chaque fois que 1$ est fabriqué, la part du 1,25$ dans la masse globale diminue. Il est donc mécaniquement logique que le nombre de pauvres selon la Banque Mondiale ne cesse de diminuer quand on mesure la pauvreté à l'aune du 1,25$, un étalon qui fond peu à peu relativement à l'ensemble (il se dilue comme un glaçon dans la masse monétaire). C'est une conséquence mécanique. Le 1,25$, même corrigé par l'inflation, représente une part de plus en plus infime du gâteau. Cela revient à baisser le seuil de pauvreté continûment.

L'écart entre les riches et les pauvres se creuse parce que les riches profitent de la création monétaire, pendant que les pauvres se contentent de miettes. L'écart n'est autre chose qu'un indicateur de la pauvreté relative éprouvée subjectivement par de plus en plus de gens.

Tout en étant capables de mieux se nourrir qu'avant, les pauvres sont de moins en moins capables d'accéder aux biens et aux services auxquels accèdent les riches. Si cet écart de potentiel existentiel n'est pas de la pauvreté, je me demande comment on peut bien l'appeler.

Quand la masse monétaire augmente, mon pécule constant en valeur monétaire indexé sur l'inflation me donne accès à un nombre de plus en plus restreint de biens et de services relativement à la diversité offerte. Ma pauvreté augmente si dans le même temps je n'augmente pas mon pécule à la même allure que la masse monétaire (qui peut s'accroître plus vite que l'inflation).

C'est ce qui se passe pour la plupart des gens, puisque les riches deviennent plus riches au détriment des pauvres. Les riches captent une part de plus en plus grande de la création monétaire empêchant les autres de suivre leur croissance, donc en les appauvrissants relativement à eux.

Je ne vois pas comment cette nouvelle masse de pauvres pourrait engendrer tout en bas moins de pauvreté. C'est bien le contraire qui se produit. Les riches laissent les pauvres avec leur misère et s'éloignent d'eux à une vitesse vertigineuse quitte à ce que notre civilisation s'écroule sous son propre poids.

Le revenu de base permettrait de partager entre tous la croissance de la masse monétaire, donc réduirait mécaniquement l'écart entre les riches et les pauvres. En attendant, je défends l'économie non-marchande, le don, la libre contribution parce que l'économie dans laquelle nous achetons et vendons dépend d'un système monétaire qui mécaniquement crée de la pauvreté tout en donnant l'illusion qu'elle diminue. Si un monde avec moins de pauvreté existe, c'est le monde que nous sommes en train d'inventer, celui du don et de la gratuité, pas le monde de la Banque Mondiale.

Écrire un texte aussi suppose des coûts

1er mai 2014

Après mes critiques du crowdfunding, on m'écrit « Tout système de fundraising suppose des coûts (même l'organisation d'une galette). » Je vais aller plus loin...

Amener les enfants à l'école suppose aussi des coûts, les habiller, les nourrir, leur apprendre à compter et à lire, les divertir, les amener au sport... À la maison, faire le ménage aussi suppose des coûts, faire la cuisine, laver le linge, le ranger. Au club de sports, où je laisse les enfants et où travaillent des bénévoles, les entraînements supposent aussi des coûts, et au club du troisième âge aussi il y a des coûts. Personne ne nie l'existence des coûts. Simplement, il existe deux sortes d'hommes et de femmes, ceux qui acceptent d'offrir leur temps à la communauté, ceux qui ne l'acceptent pas.

Quand j'écris ce texte, je pourrais faire autre chose et gagner de l'argent, écrire un article pour un journal ou un magazine, ou monter un site comme on me le demande souvent. Je choisis d'offrir.

Je peux le faire parce que d'autres bénévoles ont créé WordPress avec lequel je publie. Parce que Linux aussi a été offert, qui héberge mon WordPress. Aussi le Web qui a été offert par Tim Berners-Lee. Ce n'est pas parce que tout travail (au sens le plus élémentaire de dépense d'énergie) implique un coût qu'il faut le facturer. C'est une simple possibilité, pas une obligation.

C'est parce qu'effectivement tout travail a un coût que je milite pour le revenu de base, un revenu inconditionnel pour tous qui reconnaîtrait toutes ces tâches qui ne sont pas aujourd'hui rémunérées et qu'on estime représenter 70 : du travail total produit.

En attendant, il existe toujours la possibilité d'offrir son temps. À sa famille, à sa communauté, à sa ville, à son pays, au peuple du Net. Il est donc possible de créer ces systèmes de levée de fonds qui n'engraissent pas leurs promoteurs. Si vous estimez que c'est impossible, cessez immédiatement d'utiliser pour vos plateformes de crowdfunding des logiciels libres. Cessez tout de suite ou payez, faites immédiatement un don. Vous voulez débattre du sujet. C'est la première question que je vous poserai, et je la pousserai en remontant loin dans vos vies, jusqu'à vos couches-culottes. Oui, tout travail a un coût, mais pas à n'importe quel prix.

Va pour un la captation d'un pourcentage des levées de fonds pour le crowdfunding de projets business, si vous rémunérez les logiciels libres que vous utilisez. C'est votre problème, votre salade, débouillez-vous entre entrepreneurs, mais je suis plus inquiet quand vous soutenez de jeunes artistes (en les ponctionnant bien sûr). Parce que tout travail a un coût, à commencer par le coût de l'apprentissage, le coût de surmonter les premières difficultés, le coût des premiers échecs. Comme l'a remarqué un commentateur, écrire *La Recherche du temps perdu* nécessitait pour Proust de se planter avec *Jean Santeuil*.

Le crowdfunding, qui selon certains impliquerait systématiquement un coût, a souvent pour unique but de réduire à néant des coûts anciens, ceux de la maturation, parfois nécessairement lente, d'effacer son coût en le convertissant en devises. C'est un cadeau empoisonné fait aux créateurs. Pour quelques-uns qui écloront plus tôt, mais quelle importance que le temps en ce domaine, la plupart risquent de se griller, d'échouer publiquement et honteux de renoncer à jamais, alors qu'ils sont, peut-être en puissance, les véritables créateurs de demain.

Je ne prétends pas que le début d'une vie de créateur doit être difficile pour que la suite soit plus tard florissante. Simplement, je suis persuadé qu'il n'existe aucun raccourci vers la maturité, illusion que représente pour beaucoup aujourd'hui le crowdfunding, qui devient alors comme un symptôme du détestable jeunisme de notre société.

La nécessité logique
du revenu de base

24 mai 2014

Pour justifier la nécessité du revenu de base certains invoquent des raisons éthiques, d'autres des principes philosophiques, d'autres des positions politiques, tous posent des postulats ou des croyances. Une méthode moins discutable est peut-être tout simplement d'invoquer une logique situationniste.

Je voudrais discuter la proposition suivante :

Prix tendent vers zéro => Revenus tendent vers zéro => Revenu de base

Prix tendent vers zéro

Prix de la copie des informations, de leur diffusion, de leur stockage. Tout le monde a compris ce point. D'autres prix tendent vers zéro de façon moins apparente. Prix de la production avec la robotisation et les imprimantes 3D. Prix des services avec les algorithmes de plus en plus intelligents. Prix de l'énergie avec le développement inévitable des énergies renouvelables.

OK, la technologie ouvre de nouveaux champs, mais eux-mêmes vite dévolus à la dégringolade tarifaire. Certains domaines resteront étrangers à ce mouvement mais ils contribueront à une part de plus en plus réduite de l'économie totale.

Revenus tendent vers zéro

La possibilité de copier gratuitement les biens culturels implique que de moins en moins de gens les achètent. Donc les créateurs gagnent de moins en moins d'argent (d'autant que la production et la diffusion sont sans cesse facilitées et que de plus en plus de producteurs se manifestent). C'est le cas dans un domaine que je connais bien : l'édition.

La gratuité ou quasi gratuité n'implique pas obligatoirement la ruine du créateur, ses fans pouvant comprendre la nécessité de le rémunérer pour qu'il continue à travailler, mais les fans eux-mêmes voient leurs revenus baisser, ou s'évanouir parce que des machines ou des algorithmes les remplacent peu à peu.

La libre copie ne ruinerait pas la création si le reste de la société n'était pas en même temps soumis à une perte massive du pouvoir d'achat, pouvoir d'achat qui se concentre dans les mains des possesseurs de machines et d'algorithmes.

Revenu de base

Ford a jadis compris qu'il devait payer ses ouvriers pour qu'ils puissent se payer les voitures qu'ils fabriquaient. Aujourd'hui, on remplace les ouvriers par des processus automatisés qui n'ont pas à être rémunérés, juste upgradés.

Si la masse des hommes et des femmes qui ne travaillent pas pour un salaire (artistes, développeurs de solutions libres, parents qui s'occupent de leur famille, bénévoles...), masse vouée à croître démesurément, ne possède aucun revenu, les possesseurs de machines aussi verront leurs recettes diminuer. Ils doivent donc repenser à Ford. Comme ils n'ont plus guère d'employés humains, ils doivent rémunérer d'une autre façon leurs clients potentiels.

Le revenu de base s'impose. Il reconnaît que dans une société évoluée tout travail, appelons-le pourquoi pas contribution, joue un rôle social et donc politique, tant bien même il n'est pas directement rémunéré. Il serait temps de prendre conscience ce cette nuance, sinon les crises n'ont pas fini de se répéter, en même temps que se creusera le fossé entre ceux qui reçoivent un salaire et les autres, toujours plus nombreux, toujours plus désespérés, et prêts un jour ou l'autre à user de la violence.

Aujourd'hui, toutes les politiques tentent d'enrayer le changement. En luttant contre le chômage, par exemple. Ou en interdisant la libre copie, comme jadis certains moines copistes ont tenté de faire interdire l'imprimerie. Combat naturel, mais perdu d'avance. Alors dans un monde dominé par la machine, l'homme doit être payé pour vivre, c'est-à-dire pour créer.

Post-scriptum

J'ai écouté Bernard Stiegler débattre en bon avocat de ces idées. Il en parle comme si lui et ses amis d'Ars Industrialis les avaient inventées. En France, beaucoup de journalistes et de lecteurs le croient sur parole. On me dit souvent «C'est une idée de Stiegler.» Chaque fois je dois m'efforcer de nuancer «Non, c'est une idée aussi défendue par Stiegler.» Ce qui n'est pas tout à fait la même chose. La nécessité de cette explication suffit à démontrer que ces idées n'ont pas encore percolé dans la société (ce n'est pas une raison pour les copyrighter).

Trois scénarios catastrophes pour la gestion des biens immatériels

21 mai 2014

Je pars du principe que nous avons un droit à la culture, que chacun doit accéder également aux œuvres de l'esprit, et notamment aux livres, musiques, films, qui peuvent être copiés et donc théoriquement placés entre toutes les mains.

Le « pauvre » doit pouvoir se cultiver dans les mêmes conditions que le « riche », sans discrimination. C'est le cas dans l'ancienne économie du livre. Le riche achète ses livres en librairie, le pauvre les emprunte en médiathèque. Tous deux doivent se déplacer à la librairie ou à la bibliothèque. Tous deux peuvent accéder aux livres au même moment (en gros dès leur sortie). Pas de prime à la richesse, sinon de posséder une encombrante collection qui prend la poussière. Surtout, pas de discrimination. On se range soi-même dans le camp des pauvres ou des riches. On n'a pas à justifier d'un faible revenu pour accéder aux services des médiathèques.

La dématérialisation des œuvres ne doit pas s'accompagner d'une nouvelle discrimination. Puisque le riche achète les œuvres depuis son ordinateur, le pauvre doit pouvoir les emprunter de la même façon, au même moment. Mais ce refus de la discrimination pour le consommateur ne doit pas s'accompagner d'une discrimination pour le créateur. C'est toute la difficulté. Je vois trois scénarios possibles.

1. Responsabilité

En plus d'être vendues, les œuvres sont disponibles gratuitement, selon une licence de type Creative Commons comme je l'expérimente avec *Le Geste qui Sauve*. Alors les riches doivent payer l'œuvre quand ils la consomment, sinon exit la création. Une boucle vertueuse doit s'installer, ce qui me paraît difficile dans une économie sinistrée, où de plus en plus de gens se sentent pauvres (sentiment compréhensible quand les hyper-riches deviennent de plus en plus hyper-riches).

Cette approche a toutefois l'avantage d'être à l'initiative des créateurs. Elle peut germer à partir de multiples graines, tout en travaillant les consciences. Mais n'est-elle pas idéaliste ? Donner les œuvres dévalorise peut-être leur valeur culturelle. Et puis peu de gens sont psychologiquement capables de payer quelque chose de gratuit même s'ils en ont les moyens financiers. La possibilité théorique de ce modèle d'une économie non-marchande, le fait qu'il marche dans quelques cas, n'implique pas qu'il soit généralisable à brève échéance.

2. État providence

Les médiathèques étendent leurs services de prêts sur l'espace numérique. Plus besoin de se déplacer. Mais alors pourquoi payer quand je peux avoir gratuitement avec la même facilité ? On se retrouve dans la situation du premier scénario. Excepté que c'est l'État qui rend les œuvres gratuites et qui donc s'engage à comptabiliser les prêts pour rémunérer les créateurs. Un nouveau problème surgit : les médiathèques entrent en concurrence avec les boutiques, ce qui n'a jamais été le cas dans le passé à cause de la contrainte physique (et du besoin matérialiste de s'approprier les objets avec lesquels on passe du temps).

3. Revenu de base

Rendre les pauvres moins pauvres. Les œuvres restent payantes, mais les consommateurs reçoivent de l'État, ou d'une autre organisation, de la monnaie culturelle pour payer les œuvres. Ce serait une façon assez simple de faire perdurer l'ancien modèle économique.

*

Ces trois scénarios restent très théoriques, car dans tous les cas rien n'empêchera la libre copie des œuvres immatérielles. Que je place ou non en Creative Commons un de mes livres, il se retrouve immédiatement accessible gratuitement. Cette nouvelle possibilité technique ne pourra jamais être combattue, sinon par des méthodes discriminantes qui ne contraindront que les consommateurs culturels les moins affûtés numériquement.

On en revient toujours au scénario 1. Sans responsabilisation du consommateur, le créateur se retrouve systématiquement lésé dans le monde numérique. Mais comme cette responsabilisation paraît difficile dans une économie défaillante, nous entrons dans une zone de turbulences.

J'ai un travail, je cherche un revenu de base

3 juin 2014

Les musiciens, les écrivains, les peintres, les développeurs de logiciels libres, les parents qui restent à la maison pour s'occuper de la famille, les bénévoles dans une multitude d'associations, les élus municipaux... tous ont un travail, ils n'en cherchent pas. Nous sommes de plus en plus nombreux à nous vouer à des tâches non ou quasiment pas rémunérées.

Deux raisons :

1/ C'est souvent une envie, née d'un haut degré d'éducation, stimulée par les nouvelles opportunités offertes par le numérique.

2/ C'est une nécessité économique : les machines et les algorithmes prennent notre place ; et les coûts de production tendent vers zéro, les revenus avec.

Cette double tendance nourrie par l'envie et la nécessité se développe, entraînant un flux du « travail rémunéré » vers le « travail volontaire ». Quand on dit que le chômage augmente dans les pays industrialisés, on stigmatise ceux qui pourraient s'épanouir dans l'économie contributive.

Sans changements de notre organisation économique, seuls les propriétaires des robots et des algorithmes, et quelques artistes vedettes et fonctionnaires réussiront à gagner leur vie. Tendance déjà manifeste quand on voit se creuser l'écart entre les pauvres et les riches. Pour nous sortir de cette impasse, nous devons bannir l'usage du mot chômage et instaurer un revenu de base inconditionnel.

Nous serons alors libres de ne pas travailler pour un salaire et coopérerons, créerons et innoverons davantage, motivés par nos désirs profonds et non par les seules contraintes du marché. Les plus défavorisés refuseront les métiers indignes ou exigeront de plus hautes rémunérations. Ce renversement s'imposera comme la conséquence de l'automatisation des processus physiques et cognitifs. Nous n'allons pas vers une société d'oisifs, mais une société de travailleurs indépendants.

Crise des intermittents, une belle opportunité

13 juin 2014

Un peu agacé de voir les intermittents faire leur diva. Un peu jaloux de leurs privilèges. Je suis écrivain à temps plein, pas même un intermittent et je gagne bien moins qu'eux. Alors les voir hululer pour leurs seules fesses me dégoûte, et me donnerait presque envie de me ranger dans le camp de ceux qui veulent voir tous les privilèges corporatistes abolis.

Bon sang, vous ne pouvez pas ouvrir les yeux sur le monde, lire Piketty : l'écart entre riches et pauvres se creuse. Vous êtes dans le camp des pauvres, j'en conviens, mais vous n'êtes pas les seuls. En luttant pour vous, vous vous attirez la haine de tous les autres maltraités, et qui n'ont pas comme vous, ou comme les agents de la SNCF, les moyens de prendre en otage les citoyens.

Que les écrivains s'arrêtent d'écrire, les peintres de peindre ou les musiciens de jouer, personne ne s'en soucie, parce que toujours d'autres écrivains, peintres ou musiciens prendront leur place. En revanche, vous êtes en position de force parce que vous avez été fonctionnarisés en même temps qu'on vous concédait un pouvoir immédiat sur la vie de la cité. Ce pouvoir justifie vos avantages et les explique. Prenez garde, dans un monde qui se dématérialise, tout cela pourrait partir en fumée, vos spectacles n'être plus diffusé que sur You-Tube, sans vous.

En défendant votre seul statut, vous vous compotez en égoïstes. Vous avez le chômage, nous autres artistes n'avons rien. Nous sommes livrés au marché. Ça ne vous choque pas que l'auteur qui a écrit le spectacle que vous montez n'ait lui aucune sécurité de l'emploi ?

Vous devriez changer de stratégie. Vous avez des scènes ouvertes, des spectateurs à l'écoute, proposez-leur une véritable solution de société, valable pour vous, pour les autres artistes et qui pourrait être étendue à tous.

Il ne s'agit pas de défendre votre statut d'intermittent, mais reconnaître que nous sommes de plus en plus nombreux à être intermittents. C'est une conséquence technique de l'automatisation. Le plein emploi n'est plus qu'une anomalie propre à la révolution industrielle. Nous vivons la révolution numérique, une révolution cognitive.

On ne peut pas s'opposer à cette évolution-là. On peut en revanche chercher à y adapter la société. Exigeant par exemple un revenu de base inconditionnel pour tous les artistes et intermittents, avant de plus tard le généraliser à tous. Ce serait un vrai pas en avant. Un revenu de base ne serait pas un chômage, en rien lié à la hauteur des revenus antérieurs. Ce serait un fixe pour vivre et créer, auxquels s'ajouteraient les autres revenus. Une ligne de vie. Oui, pour libérer, pour créer.

Battez-vous pour demain, pas pour prolonger encore un jour ou deux les acquis d'hier. Si vous gagnez votre bataille actuelle, c'est la société entière qui perdra une chance d'aller de l'avant. Vous avez raison de vous révolter, mais armez-vous d'une idéologie contemporaine. C'est l'idée même de chômage qui doit être abolie et celle d'intermittence généralisée.

Pourquoi les intermittents nous excluent de leur combat

14 juin 2014

La discussion est houleuse. Les intermittents me traitent de tous les noms d'oiseaux. Je suis ignare, stupide, un infâme suppôt du capitalisme, un vilain libéral et j'en passe.

On finit par me désigner le nouveau modèle d'intermittence proposé par le CIP et je comprends immédiatement le malentendu. Je lis dès le chapeau :

> *[…] la Coordination Nationale propose une plateforme basée sur un principe mutualiste, plus égalitaire et en adéquation avec les pratiques des* **salariés** *intermittents : des emplois discontinus, un taux de rémunération variable, une part du travail pouvant être rémunérée forfaitairement (déclaration par cachets), une part de l'activité pouvant être réalisée en dehors des périodes d'emploi.*

En commençant tout de suite pas se présenter comme des salariés, les intermittents ne prennent pas en compte une tendance lourde : de moins en moins de gens sont salariés, même quand ils ne sont pas chômeurs. Artisans, travailleurs indépendants… et tous les artistes. Cette tendance ne fera que s'alourdir alors que chômage chronique s'installera par effet de la mécanisation physique et cognitive. Ce n'est pas une de mes lubies. La notion d'heures travaillées perd également toute signification pour de plus en plus de tâches (je serais bien incapable de vous dire combien de temps je passe à écrire un livre).

La vision patron/salarié est datée. Elle correspond de moins en moins au paysage contemporain. Pour proposer un modèle stimulant pour tous, et pour toute forme d'intermittence, il faut dépasser ce postulat de départ. Nous avons des gens qui ont des activités et qui cherchent un revenu, revenu qui idéalement devrait se décomposer en un revenu de base et un complément en fonction des tâches accomplies. Par exemple, en tant qu'auteur, je recevrais mon revenu de base qui serait complété par mes droits d'auteurs.

L'intermittence ne doit plus être vue comme un va-et-vient entre « je suis salarié ou je suis chômeur », mais entre « j'ai un revenu complémentaire ou je n'en ai pas. » Ceux qu'on appelle les intermittents aujourd'hui devraient se reconnaître dans cette définition, ainsi que des millions d'autres personnes qui, dans l'attente d'un changement de définition de l'intermittence, se sentent exclues par la lutte actuelle.

La plupart des syndiqués regardent d'un mauvais œil le revenu de base parce que, en dépassant le clivage patron/salarié, il dépasse les anciens alignements politiques. Alors ces organisations, qui idéologiquement devraient être séduites par l'idée d'un revenu inconditionnel pour tous, se braquent parce qu'elles entrevoient leur fin au bout de ce combat. Et elles ne sont pas prêtes à scier la branche sur laquelle elles sont assises.

Si les patrons perdent leur toute-puissance, des ouvriers moins assujettis, les vieilles luttes doivent être refondées. Je conçois que c'est flippant, mais avons-nous le choix ? Si l'écart entre riches et pauvres se creuse, c'est parce que les anciennes idéologiques sont incapables de fédérer le plus grand nombre. Elles ont échoué à enrayer l'omnipotence du capitalisme.

La gauche voit souvent dans le revenu de base une forme de dumping social (d'où l'accusation de vilain libéral, je suppose). C'est mal comprendre l'idée. Je donne toujours l'exemple de la femme de ménage. Quand on lui demandera de nettoyer les toilettes, elle exigera d'être mieux payée, parce qu'elle ne craindra plus d'être renvoyée. Tous les payeurs devront suivre ou nettoyer eux-mêmes leurs toilettes. Le revenu de base devrait logiquement valoriser les travaux que personne ne veut faire. Il devrait mieux répartir la masse monétaire, donc peut-être réduire les inégalités. Rien n'empêchera alors la femme de ménage de reprendre des études.

Je le redis, c'est important, le revenu de base n'est pas un salaire. C'est même le droit de ne rien faire qui mérite salaire. Écrire une symphonie pourquoi pas. Publier des articles politiques sur un blog. S'occuper le samedi matin des enfants au club de foot. Le revenu de base reconnaît l'apport de toutes ces tâches non salariées. Il reconnaît que l'acteur lorsqu'il ne joue pas reste acteur et travaille son art. Que lui attribuer des droits au regard du travail salarié est tout simplement absurde. Le revenu de base est un droit du fait même de vivre. Il est inconditionnel.

Et puis le revenu de base n'exclut pas une assurance chômage. Pour les salariés, elle pourrait compléter le revenu de base. Le revenu de base a sa place dans la Déclaration des droits de l'homme. C'est un droit. Ne cherchez pas plus loin. C'est une chose à graver dans le marbre, au plus profond de nos institutions.

Le revenu de base
et l'impossible décroissance

15 juin 2014

Dans ma vie, je suis plus décroissant que la plupart des décroissants. Isa et moi avons choisi de diviser par dix nos revenus, de nous contenter de ce que nous avions, qui je l'avoue est déjà beaucoup… Nous avons réussi cette décroissance parce que nous nous sommes créé un revenu de base, grâce aux appartements que nous louons. Quelqu'un me disait il y a quelques jours qu'il s'était créé un revenu de base en jouant au poker à haut niveau.

Le revenu de base peut libérer de la pression du toujours plus en apportant la sécurité et la sérénité. Mais je ne peux prédire ce que serait une société avec le revenu de base, je ne peux que la fantasmer.

Maintenant, je ne suis pas un fervent défenseur de la décroissance. Il me semble que la croissance est inscrite au plus profond de l'univers. Croissance de la complexité, avec apparition de structures de plus en plus bouleversantes. Galaxies. Biosphères. Consciences. Civilisations. Pourquoi devrions-nous stopper à ce stade ? L'aventure, c'est d'inventer la structure suivante, et cela est impossible sans nouvelles technologies.

À cette croissance naturelle s'ajoute la croissance créative, potentiellement immatérielle, sans impact sur l'équilibre de la biosphère. Quand je publie un texte, je participe à la croissance. Voilà pourquoi je ne me déclarerai jamais décroissant. Vivre, c'est croître. Cette croissance culturelle et spirituelle a besoin d'être valorisée puis échangée et partagée. Notre étalon est aujourd'hui la monnaie, peut-être imparfait, un avatar primitif, dont nous ne voyons pas toutefois comment nous débarrasser, mais dont nous comprenons que sa masse doit croître pour accompagner la « bonne » croissance.

Le revenu de base revient à répartir entre tous cette nécessaire croissance de la masse monétaire. C'est une proposition de justice sociale qui ne devrait avoir pour ennemis que les banquiers, aujourd'hui seuls créateurs de la monnaie (et va savoir pourquoi les partis de gauche se rangent dans leur camp, tout comme certains décroissants, parce que les banquiers se moquent de la « bonne » croissance).

C'est vrai, je ne suis pas un luddite comme la plupart des décroissants. J'ai confiance dans le génie humain et dans la technologie. J'aime notre époque et la préfère à toutes celles qui l'ont précédée. Déjà parce qu'on y vit en moyenne plus vieux, donc avec potentiellement plus d'expériences à connaître avant l'effacement.

Ma confiance se justifie logiquement. Si la part de « bon » en l'homme ne dépassait pas légèrement la part de « mal », l'évolution aurait été destructive. Autour de moi, je découvre beaucoup de destructions révoltantes, mais aussi davantage de merveilles. Nous avançons quoique les mauvais augures puissent dire.

Les décroissants ne sont pas mathématiciens. Ils font de cas particuliers des généralités. Oui, le progrès détruit certaines avancées et certaines personnes, mais il en protège d'autres en plus grand nombre. Quel décroissant refuse de porter des lunettes ou un pacemaker ? Les décroissants ne sont pas cohérents, et ne peuvent l'être. La décroissance est tout simplement impraticable. D'ailleurs, les décroissants écrivent des livres pour défendre leurs thèses et participent à la croissance qu'ils dénoncent.

Ils le font par un aveuglement souvent induit par les principaux producteurs de croissance. À qui bénéficie la peur du manque d'énergie sinon aux producteurs d'énergie ? Jamais ils ne diront que bientôt l'énergie sera gratuite. La crise n'est que dans les têtes, mais pas dans celles des inventifs. Je crois naïvement qu'il existe des solutions à presque tous les problèmes. Je crois en l'homme, c'est ce qui fait de moi un humaniste. Si les décroissants ne croient pas en l'homme, je ne vois pas pourquoi ils se soucient de sa survie sur cette planète qui, elle, se débrouillera très bien sans nous. Je tourne leur position dans tous les sens et tombe toujours sur de telles contradictions.

J'ai fait le choix de la « bonne » croissance, une croissance qui s'oppose à la croissance aveugle, mesurée par le PIB et dont nous rabâchent les politiques. Je suis pour la croissance volontaire comme je l'ai écrit en sous-titre de L'alternative nomade. Parce que sans croissance de la complexité, il n'existe aucune croissance possible de la liberté.

Revenu de base implique décroissance

15 juin 2014

J'ai reçu un très beau témoignage. Isabelle, pas mon Isa, nous explique comment en acceptant de gagner moins, elle est plus heureuse tout en consommant moins. Avant d'évoquer ses mots, je voudrais revenir sur les incompréhensions soulevées par un de mes articles.

Un rentier qui fait la morale à ceux qui ne sont pas nés riches ou n'ont pas reçu d'héritage! Faut oser!

J'ai reçu cette critique parmi d'autres. Qu'est-ce qui a soulevé la colère de certains au contraire de l'adhésion d'Isabelle? J'ai déclaré:

Isa et moi avons choisi de diviser par dix nos revenus, de nous contenter de ce que nous avions, qui je l'avoue est déjà beaucoup... Nous avons réussi cette décroissance parce que nous nous sommes créé un revenu de base, grâce à des appartements que nous louons.

Oui, nous avons gagné de l'argent. Nous sommes nés au bon moment, avons fait les bonnes études, choisis les bons domaines, j'ai écrit de guides de vulgarisation sur le Net quand il le fallait. Nous avons eu de la chance. Est-ce odieux? Est-ce que nous devons nous flageller parce que nous avons gagné plus que la moyenne de nos semblables? Parce que nous n'avons jamais souffert de la moindre folie des grandeurs et n'avons jamais souscrit de crédit?

Attention, nous avons très bien gagné notre vie, mais nous n'avons pas fait fortune, juste assez pour payer l'impôt du même nom. Nous n'avons pas engrangé des dizaines de millions d'euros, ni même une poignée. Nous avons juste décidé d'arrêter cette course quand nous avons estimé que nous pourrions vivre avec ce que nous avions, et avec l'apport indispensable des revenus générés par ce que nous aimions faire.

Nous ne sommes pas rentiers. Si Isa ne traduit pas deux ou trois livres par an, si je ne vends pas quelques livres et ne donne pas des conférences, nous nous contenterions de survivre, et serions sans doute incapables de remplacer nos équipements technologiques lorsqu'ils nous lâchent. Notre capital nous offre un revenu de base.

Nos revenus = Revenu de base + Revenu du travail choisi

Alors ce qui est peut-être odieux c'est de louer des appartements, avec des loyers très modérés, construits avec des matériaux bio et des volumes superbes? Est-ce préférable d'investir en bourse avec l'assurance de retours sur investissement supérieurs sur le long terme? Je croyais qu'il y avait en France une crise du logement. Voudriez-vous que nous nous immolions avec nos économies ?

Nous avons fait un autre choix, celui d'arrêter de croître financièrement, et de fait de décroître parce que peu à peu nous grignotons les réserves. Nous avons cessé d'avoir peur des lendemains. Nous ne sommes ni des cigales ni des fourmis. Mais que font tous ceux qui sont dans notre situation ? J'ose affirmer qu'ils sont très nombreux en France. On doit les compter par millions. C'est ce qu'illustre le commentaire d'Isabelle :

En 2006, j'ai fini de payer ma maison (aux banques qui se sont fait plein de sous, youpi pour elles). Réduisant mes dépenses de 25 : de mes revenus, j'ai décidé de considérer ceci comme une rente, un « revenu de base », puisque je n'avais plus de traite ni de loyer à payer. J'expérimente donc depuis les effets d'un revenu de base. (Oui moi aussi je suis une affreuse rentière de l'immobilier, puisque je ne paye plus à personne le droit d'avoir un toit sur la tête.) Qu'en ai-je fait, de mon Revenu de Base ? Et bien j'ai réduit mon temps de travail de 25 :.

Je suis persuadé que nombre de ceux qui m'ont accusé d'être rentier pourraient eux aussi réduire leur temps de travail, surtout s'ils sont fonctionnaires et n'ont plus de crédit. Isabelle présente les bénéfices immédiats de ce choix :

Ainsi, je laisse du temps de travail à ceux qui n'en ont pas du tout. En outre, j'ai plus de temps libre pour rêver, lire, écouter de la musique, m'occuper de mes enfants... Avec plus de temps libre, j'ai encore pu constater que je dépensais encore moins dans les autres domaines que le logement, car je récupère du temps pour cuisiner au lieu d'acheter du tout prêt. Je me déplace moins car je ne vais plus travailler aussi souvent, j'ai le temps d'aller à la médiathèque et du coup je dépense moins en livres... Bref, j'expérimente les effets d'un revenu de base.

Le revenu de base a pour fonction première de libérer du temps pour que nous nous consacrions aux tâches qui nous importent vraiment. Isa traduit. Isabelle s'occupe de sa famille, jouit de la vie... Je vous embête avec mes textes. Je peux même vous les offrir, le plus souvent. D'autres développent des logiciels libres.

En nous inventant un revenu de base, en le simulant en un temps où il n'est qu'une idée, nous commençons par libérer du temps de travail que nous pourrions nous accaparer. Isabelle pourrait gagner 25: en plus. C'est quelqu'un d'autre qui en profite. Isa pourrait gagner vingt fois plus qu'en traduisant. Elle a abandonné à d'autres cette manne. En simulant le revenu de base, nous partageons nos revenus potentiels.

Et comme nous avons réduit nos budgets et gagné du temps, nous dépensons moins et faisons plus de choses nous-mêmes. Nous sommes mécaniquement dans une logique de décroissance. Mais nous restons lucides, comme Isabelle :

Il ne faut pas déformer l'objet de l'expérimentation: j'expérimente les effets d'un revenu de base, pas une modalité de financement. Des amis ont fait comme

moi après le départ du petit dernier de la maison...
Si tous ceux qui, comme moi, voient une de leurs
charges fixes diminuer ou disparaître, considéraient
cette baisse de charge comme un revenu de base et
en expérimentaient consciemment les effets, nous
pourrions témoigner en plus grand nombre des effets
potentiels d'un revenu de base. Je suis bien consciente
d'être une sacrée privilégiée d'être propriétaire de mon
logement, mais la conscience de ce privilège ne m'in-
terdit en rien l'expérimentation que je mène.

Se créer un revenu de base, c'est la seule solution en
attendant qu'il se généralise, c'est la seule solution pour
avoir du temps et militer pour lui, pour l'art, pour la
vie... Et si ceux qui ont cette possibilité ne la saisissent
pas, qui le fera ?

Un ami me disait hier qu'il travaille désormais deux
jours par semaine et que ce rythme lui donne une
grande sérénité. Il a comme Isabelle réduit son temps
de travail à l'échelle de ses frais et il consacre le reste
de son temps à son art.

Ne croyez pas que c'est un privilège de vieux. Je
connais des jeunes qui ont fait ce choix, certains parmi
les militants les plus actifs du revenu de base. Quand
on est dans une logique de frugalité, notre société offre
potentiellement un revenu de base presque pour tous.
Que tous ceux qui peuvent s'en saisir le fassent et alors
il sera possible de l'offrir à tous.

Le changement doit commencer quelque part. Je le
fais à ma façon, sans grands sacrifices il est vrai, mais
je n'ai guère de goût pour l'apocalypse révolutionnaire.
Ceux qui n'ont pas ma chance et peut-être envient ma

situation devraient aussi militer pour le revenu de base, ce serait pour eux, bien plus que pour moi, le moyen de gagner un peu d'indépendance et de travailler pour ce qui leur importe vraiment.

Pourquoi défendre
le revenu de base

16 juillet 2014

Je me suis souvent expliqué, mais recommencer sans cesse m'aide à découvrir de nouveaux arguments et de nouveaux récits. Mon engagement est avant tout logique.

1/ Le jour où nous serons totalement détachés du matériel et même de la géographie, tel endroit aussi agréable à vivre que tel autre, nous n'aurons plus besoin de monnaie. Dans cette attente, elle nous est nécessaire.

2/ La masse monétaire doit s'accroître pour aider à valoriser les nouveautés (mes livres, par exemple, qui n'enlèvent rien aux livres antérieurs). Pas question de réduire notre créativité, donc de décroître économiquement (la croissance de la masse monétaire est une caractéristique du vivre en société - je ne parle pas ici de PIB).

3/ Plutôt que la création monétaire soit le privilège des banquiers (avant elle l'était de l'État ou des princes), je voudrais, en vertu des droits de l'homme, qu'elle soit l'apanage de chacun de nous, une création décentralisée qui se matérialiserait mensuellement dans nos poches. On arrive donc tout naturellement à un début de revenu de base (de l'ordre de 500 €/mois).

Le choix de la distribution décentralisée peut paraître idéologique, mais il ne l'est pas excessivement.

1/ Comme le travail devient rare, et il le sera de plus en plus avec l'automatisation mécanique et cognitive, il faut que ceux qui ne reçoivent pas de revenu du travail puissent continuer à vivre décemment. Il y a une centaine d'années, le travail rémunéré occupait 40 : du temps de vie. Aujourd'hui, il n'occupe plus que 12 : (j'ai mangé la source). Cette valeur continuera de décroître. Il faut regarder cette réalité en face. Tout le monde aura besoin d'un revenu de base.

2/ Ceux qui reçoivent un revenu traditionnel doivent avoir la liberté d'y renoncer à tout moment pour changer de vie, par exemple entrer dans la société de la contribution volontaire (et cela sans démarches administratives, sans avoir à être jugés, sans se soumettre à un quelconque centre de contrôle). À cette seule condition, nous bannirons le mot chômage de notre vocabulaire.

3/ Avec la décentralisation, on supprime les centres de pouvoirs. Personne ne distribuera le revenu de base. Il sera un pur produit algorithmique, pas un fait du prince. Les évolutions des algorithmes s'effectueront en open source, librement, visiblement... et en cas de problème, on effectuera des forks.

4/ Le revenu de base, en apportant un surplus de sécurité, apportera un surplus de liberté. Pas question qu'une institution, un prince, un élu ou un fonctionnaire agite la menace de supprimer le revenu de base, ce qui serait inévitablement le cas avec un processus de distribution centralisé (tentation du contrôle).

5/ Des tâches comme s'occuper des enfants, aider les autres, participer à la vie associative, développer des logiciels libres... ne sont aujourd'hui pas valorisées parce qu'elles ne sont pas rémunérées. Le revenu de base leur redonnera du sens. Il les reconnaîtra comme vitales pour la croissance immatérielle de la société.

La prise en compte de ces points milite en faveur de la décentralisation de la création monétaire. Tous les défenseurs du revenu de base ne suivent pas le même raisonnement.

En ne touchant pas aux mécanismes pernicieux de la monnaie, beaucoup de propositions (impôt négatif, contribution universelle...) ne régleront aucun problème. D'un côté, on donnera un susucre au peuple pour acheter la paix sociale, de l'autre on fabriquera toujours plus de monnaie pour creuser l'écart entre riches et pauvres, et déséquilibrer la répartition des apports de la croissance monétaire. Il faut dynamiter cette tentation. Enlever des mains de quelques-uns le levier monétaire (c'est compliqué, mais on ne fera pas l'économie de ce coup de force).

Il me semble que le revenu de base ne sera crédible politiquement que quand un accord théorique de fond sera atteint sur ce point, ce qui est loin d'être le cas, ses partisans les plus véhéments se voulant aujourd'hui trop œcuméniques.

Bien sûr, le revenu de la création monétaire est insuffisant pour vivre. On peut le compléter par un système de répartition, qui puiserait sur les aides déjà offertes (RSA, allocations familiales, minimum vieillesse...) et les économies induites la simplification administrative engendrée.

Mais toutes les aides ne peuvent être supprimées. Par exemple, le chômage doit être maintenu quand il dépasse le revenu de base (idem pour les retraites). Si je gagne 5 000 €/mois, j'ai un train de vie associé, avec souvent des crédits. Lors d'un licenciement, je ne peux pas brutalement réduire la voilure et me contenter d'un revenu de base. L'assurance chômage est une aide à la décélération et au changement de vie, un droit au changement (et j'en ai profité en mon temps). On pourra juste peut-être ne pas la rendre obligatoire, de même pour toutes les cotisations qui ressemblent à des assurances (et prendre le risque de se contenter du revenu de base).

Je résume...

1/ Le revenu de base s'impose si on prend en compte la nécessité de créer de la monnaie et les droits de l'homme, c'est-à-dire la volonté d'une égalité en droit (les banquiers ayant aujourd'hui des droits que nous n'avons pas).

2/ Pour ne pas créer une nouvelle caste de privilégiés à la place de celle des banquiers, il faut décentraliser la création monétaire.

Pour faire l'économie du revenu de base, ceux qui s'appellent eux-mêmes les pragmatiques campent sur les positions souvent réactionnaires.

1/ On maintient le privilège discriminatoire des banquiers (et puis, on ose se dire de gauche ou libéral).

2/ On continue à vouloir offrir un travail à tout le monde, donc à pousser la production rémunérée, c'est-à-dire la croissance matérielle... construire toujours plus, produire toujours plus, échanger toujours plus, faire toujours plus d'enfants... C'est la politique débile menée par nos gouvernements successifs.

3/ On partage le travail disponible en réduisant le temps de travail. C'est la moins bête des solutions, mais les écrivains ne vont pas soudain réduire leur temps de travail, pas plus les programmeurs et beaucoup d'autres acteurs économiques. Le temps total de travail rémunéré disponible ne diminue pas également dans toutes les branches.

4/ On ne valorise pas les tâches qui ne sont pas sources directes de revenu et participent la croissance immatérielle tout en étant indispensables à la vie en société.

Contre Un revenu de base

12 août 2014

Après beaucoup d'articles en faveur du revenu de base, suis-je en train de perdre la tête? J'ai plutôt des scrupules, éveillés par quelques bruits, quelques impressions. Je voudrais clarifier ma position avant l'université d'été du revenu de base.

Quand on a de belles idées et qu'elles restent entre les lignes, c'est sans conséquence. Qu'on les applique et le monde peut en être bouleversé.

Les exemples ne manquent pas. Le communisme : tout un édifice théorique qui conduit à la barbarie. Certains disent que le vrai communisme n'a jamais été appliqué, et prétendent qu'il faudrait encore une fois recommencer, pour le meilleur et pour le pire.

Idem avec les utopies socialistes du XIXᵉ siècle. On ne peut pas dire que les phalanstères aient fait école, ni que les sociétaires s'y soient épanouis. Pas mieux du côté des utopies libertaires chères à Hakim Bay. Pas mieux en direction des ultralibéraux qui, sous prétexte de réduire les inégalités, ne font que les accroître (certains, là aussi, jurent que le véritable libéralisme n'a jamais été appliqué).

Qu'est-ce qui cloche avec ces belles idées? Un ensemble de personnes les instaure *a priori* en principes inaltérables et quasi divins. Mais un dogme par nature ne peut être appliqué puisqu'il est pensé dans une sphère déconnectée du réel : un idéal.

Souvent, les faits de terrain, la nature humaine, le contexte techno-économique pas plus que les retours d'expérience ne modifient les postulats. La logique évolutive, avec ses essais, ses erreurs, ses correctifs, est niée au profit d'un totalitarisme intellectuel qui ne connaît d'autre avenir que l'effondrement après de terribles catastrophes.

Tout a été pensé une fois pour toutes dans une tour d'ivoire et déroulé avec un rouleau compresseur. Un matin quelqu'un s'éveille et il est sûr d'avoir la solution pour tous les autres. Puis il n'en démord plus, il se bat pour elle quitte à lever une armée. Tester, expérimenter, mettre à l'épreuve ne le concerne pas. Il est sûr de lui jusqu'à l'aveuglement. Son idée est la bonne parce qu'elle paraît résoudre les maux du moment.

Je ne voudrais pas que mes enfants entendent dire « Le véritable revenu de base inconditionnel n'a jamais été appliqué. » Que cette idée soit détournée au profit de quelques-uns. Piège qui ne peut être évité que si l'idée est polymorphe, multiforme, variable, adaptable, non dogmatique, non-propriétaire. Il n'existe pas un revenu de base, mais des revenus de base.

Si je prétends aujourd'hui « Le revenu de base, c'est bon pour la société », je suis un totalitaire. Parce qu'en vérité, je n'en sais rien, je ne peux que l'espérer. C'est le jour où un revenu de base sera instauré quelque part, au-delà de quelques micro-expériences, que nous pourrons dire voilà ce qui marche mieux, voilà ce qui marche moins bien. Rien ne sera blanc, rien ne sera noir. Certains aspects seront même très sombres, n'en doutons pas.

Écoutons-nous, défenseurs du revenu de base. Combien de fois avons-nous parlé de ce monde meilleur dans lequel nous vivrions si notre utopie était active ? J'ai mauvaise conscience. De quel droit faire des promesses ? Sur quels fondements ? J'ai souvent voulu faire prendre mes espoirs pour des prévisions catégoriques.

Dans cette affaire, nous oublions souvent le pragmatisme. Un philosophe dirait que nous basculons vers l'idéalisme. Et je suis un matérialiste. Les idées n'ont aucune valeur en elles-mêmes. Qu'est-ce que je peux faire maintenant ? Comment puis-je changer ma vie maintenant ? Voici les seules questions qui devraient m'occuper.

Je serais heureux de vivre dans une société où chaque être humain toucherait un revenu de base, mais je ne sais pas comment passer de notre société à cette utopie (qui serait peut-être invivable comme nombre d'autres utopies). Les idées ne manquent pas, avec tous les dangers qu'elles comportent. Pourquoi en choisir une plutôt qu'une autre ?

Aucun argument théorique ne décidera pour l'une parmi toutes. Seul le terrain doit décider. Et pas le terrain idéologique de la lutte armée. Je suis contre un revenu de base, parce qu'il faut expérimenter des revenus de base. Dans des villes, des associations, des communautés, et aussi par des choix de vies, en simulant des revenus de base. C'est peut-être la première étape, une prémisse indispensable.

Si quelqu'un défend une idée qu'il n'a pas déjà mise en place dans sa vie, c'est un dictateur en puissance.

Surtout dès qu'il demande aux autres de faire ce que lui n'a pas encore jugé bon de faire. Son prétexte : il faut que les masses se joignent à lui, seul, il ne peut rien. Cette rhétorique ne vous effraie pas ? Moi, elle me terrifie.

Qu'est-ce qui est mis en jeu ? La liberté.

Nous sommes en guerre diront certains. Alors, amusons-nous à suivre *La route de la servitude* de Hayek, particulièrement la version illustrée de *Look Magazine*.

Nous sommes en guerre contre les banquiers faux-monnayeurs, contre la pauvreté, contre les inégalités, contre les bouleversements climatiques, contres les abus de pouvoir des politiciens... nous sommes en guerre pour l'instauration d'un revenu de base et, à ce titre, nous pouvons être tentés d'imposer notre idée géniale à tous, parce que nous sommes persuadés qu'elle sera bonne pour tous. Nous ne sommes pas des communistes mais nous défendons comme eux un principe supérieur auquel nous croyons dur comme fer. « Partage de l'outil de production » et « Revenu de base inconditionnel... » sont des slogans de même nature ontologique.

Si la méthode top-down utilisée durant la guerre pour imposer le revenu de base fait ses preuves, on estimera bonne pour les temps de paix.

Promesses. Le revenu de base entraînera moins de pauvreté, nous donnera le pouvoir de dire non aux mauvais jobs, il revalorisera les bas salaires, il permettra aux artistes de s'adonner à leur art, aux entrepreneurs de lancer de nouvelles entreprises, aux parents de s'occuper des enfants sans culpabiliser, aux femmes de s'émanciper davantage...

but they can't agree on ONE Utopia

With peace, a new legislature meets;
but "win the war" unity is gone. The
"planners" nearly come to blows. Each
has his own pet plan, won't budge.

Mais une fois la guerre terminée, les utopistes commencent à se quereller. Comment continuer à financer
le revenu de base ? Faut-il le donner aux étrangers ?
Faut-il fermer les frontières ? N'est-il pas un facteur
de croissance nocif pour la biosphère ?

Les citoyens aussi commencent à être en désaccord.
Lui qui ne fait rien. Eux avec leurs cinq enfants. Cet
étranger qui a autant de droits que nous. Plus personne pour nettoyer les chiottes, pour ramasser les
ordures. Et ces riches toujours plus riches, ce revenu
de base qui ne sert plus à rien. Et toujours plus de
pauvres.

⑥

"Planners" hate to force agreement . . .
Most "national planners" are well-meaning idealists, balk at any use of force. They hope for some miracle of public agreement as to their patchwork plan.

Les premiers défenseurs du revenu de base refusent d'imposer leur vision. Ils attendent un accord qui viendrait du peuple parce qu'ils ont d'abord pensé à lui.

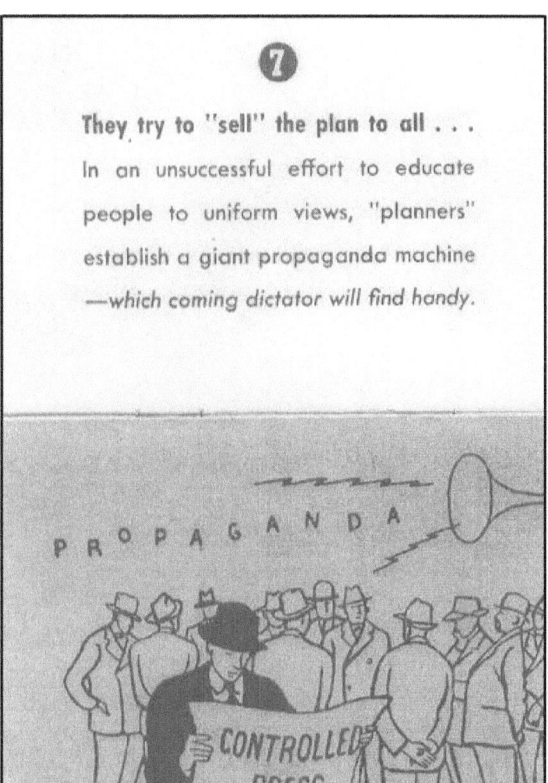

Chaque école du revenu de base monte sa propagande.

8

The gullible do find agreement . . . .
Meanwhile, growing national confusion leads to protest meetings. The least educated—thrilled and convinced by fiery oratory, form a party.

Les citoyens les moins éduqués se laissent séduire par les meilleurs orateurs.

On commence à détester les utopistes de la première heure.

The "strong man" is given power . . .
In desperation, "planners" authorize the
new party leader to hammer out a plan
and force its obedience. Later, they'll
dispense with him—*or* *so* *they* *think.*

On donne le pouvoir aux hommes forts.

The party takes over the country . . .
By now, confusion is so great that obedience to the new leader must be obtained at all costs. Maybe you join the party yourself to aid national unity.

Un parti s'empare du pouvoir.

A *negative* aim welds party unity . . .
Early step of all dictators is to inflame
the majority in common cause against
some scapegoat minority.   In Germany,
the negative aim was *Anti-Semitism*.

*Tout ce qui peut nuire à l'unité du parti est combattu,
notamment la culture et l'intelligence.*

No one opposes the leader's plan . . .
It would be suicide; new secret police are ruthless. Ability to force obedience always becomes the No. 1 virtue in the "planned state." Now *all* freedom is gone.

Le plan du leader est incontesté.

Ce plan s'applique à tous jusque dans les moindres détails.

Vous recevez votre revenu de base et vous vous en satisfaites.

Cette caricature montre que les meilleures intentions, nées en temps de guerre, et nous sommes en guerre, peuvent conduire aux pires cauchemars. Je suis donc pour des revenus de base et m'opposerai à ceux déjà innombrables qui pensent à Un revenu de base, persuadés qu'il sera bon pour nous tous.

Avec Isa, nous simulons un revenu de base. Nous avons renoncé à gagner plus pour vivre sur quelques économies, quelques revenus fonciers, nos droits d'auteurs. Nous en sommes plus heureux, plus libres, ce qui nous fait être optimistes quant à l'avenir d'une société à revenu de base. Une lectrice témoigne dans le même sens. Bien sûr, ce choix ne s'offre pas encore à tous. Il faut tenter d'autres expérimentations, obtenir d'autres signaux, d'autres encouragements. Et surtout ne rien faire tomber sur la société comme une chape de plomb.

Lors de l'université d'été du revenu de base, chaque fois qu'un théoricien fera une proposition, je lui poserai les mêmes questions. Qu'est-ce que tu as déjà fait dans ta vie pour aller vers ton modèle ? Où en es-tu de l'expérience ? Si tu ne peux rien faire à ton échelle, à celle de ta communauté proche, ta proposition est dangereuse. Tu en es au stade 1 de la route de la servitude. Tu uses d'une situation politique troublée pour lever un assentiment.

Certains ont des réponses. Par exemple, Stéphane Laborde participe à la création d'OpenUDC, un protocole qui permettra de gérer des monnaies libres reposant sur un revenu de base. Il tente de nous donner un outil pour expérimenter librement, chacun à son échelle, sans que personne n'impose rien à personne. Gérard Fouché parcourt la France pour expliquer les mécanismes monétaires, pour donner des armes intellectuelles qui seules permettrons de penser des alternatives.

Outils, formations, réflexions... C'est indispensable pour la mise en œuvre d'innombrables solutions pratiques, pour cesser de jouer aux idéologues et ne pas nous engager sur la route de la servitude.

Attention. Un revenu de base œcuménique qui voudrait plaire à tous sous prétexte de séduire les foules, celui qui unirait toutes les tendances dans un gloubi-boulga idéologique, celui qu'on pourrait vite accuser d'être populiste et qui nous ferait entrer sur la lutte politique traditionnelle est dangereux parce qu'il est trop vague pour entraîner une expérimentation concrète. Cette version nous projette directement au stade 4 de la route de la servitude. C'est une arme de propagande, de rassemblement, pas un projet de terrain. Il est trop tôt pour convaincre. Convaincre de quoi ? Où sont les résultats expérimentaux ? Partager ses rêves, c'est important. Mettre en œuvre des modèles, quitte à s'inventer des monnaies complémentaires, c'est indispensable pour aller plus loin.

La guerre finale
contre l'humanisme

2 septembre 2014

Nous savons que les adeptes de la haute finance sont des psychopathes (définition : insensible à la souffrance des autres). Savoir que par leurs pratiques ils creusent l'écart entre les riches, eux, et les pauvres, les autres, ne les tourmente pas le moins du monde.

Un ami qui appartient à ce gotha, mais qui en souffre sans réussir à s'en échapper, m'a dit un jour « L'intelligence est de notre côté. On est plus brillant que n'importe quel ministre des Finances. » Cette proposition était peut-être valable jusqu'à ce qu'un associé de chez Rothschild, revenu estimé 125 000 €/mois, devienne justement ministre des Finances en France.

Alors, oui, il connaît les rouages du système financier. Il sait très bien comment la monnaie se fabrique *ex nihilo* et comment les banquiers exigent des intérêts sur cet argent (pour ceux qui en doutent encore, suivez les explications de la Banque d'Angleterre). Croyez-vous qu'il changera ce mécanisme même, celui qui l'a rendu riche hier, et qui le rendra encore plus riche demain quand il reprendra une vie normale, après avoir protégé ses amis de la seule mesure qui s'impose : interdire aux banques de créer de la monnaie et d'exiger des intérêts sur l'argent qu'elles n'ont jamais eu.

Faute de cette mesure, notre ministre n'a qu'une solution, la rigueur, c'est-à-dire nous faire payer encore et encore. Le remboursement de la dette est devenu si gigantesque qu'il absorbe tout tel un trou noir. L'argent ne circule plus entre nous, pour nous aider à vivre, mais il file droit dans les caisses des quelques apparatchiks, dont notre ministre.

Sa nomination au pouvoir par un parti de gauche dépasse l'indécence. Elle nous prouve simplement la mainmise absolue des banksters sur notre société. Cette nouvelle noblesse s'est arrogé tous les privilèges.

Quand nous savons qu'il n'existe mécaniquement pas de travail pour tout le monde, que nous nous dirigeons vers une société de grande disponibilité, ce même gouvernement menace de punir les chômeurs plutôt que de penser revenu de base. Encore un bug. C'est du grand n'importe quoi. Jusqu'à quand cette farce durera-t-elle ? Que devons-nous faire ? Parce que la maison finira par nous tomber sur la gueule. Il ne peut en aller autrement.

J'ai des amis qui ont acheté des terres, construit des maisons autonomes et se préparent à l'hiver. Le film *Goodbye World* montre qu'il n'existera pas d'îles à l'abri de la barbarie quand le système s'écroulera. Si nous aspirons au bonheur, il nous faut donc agir, chasser les truands du pouvoir et inventer des modèles de gouvernances plus robustes.

Nous avons des solutions, les politiciens n'en parlent pas. Ils ont même une armée de sbires prêts à nous dénigrer. Il ne faudrait pas que nos voix deviennent trop populaires.

Surtout, ne changeons rien. Développons des technologies médicales qui coûteront des millions et que seuls les banksters et leurs ayants droit s'offriront. Inventons une humanité à deux vitesses. « Plaçons nos hommes au pouvoir, se disent les Rothschild & cie. Subvertissons ceux qui y sont arrivés malgré nous. Ne nous cachons plus. Il n'est plus question de tergiverser. C'est la guerre finale contre l'humanisme. »

Je suis sous le choc. Parce qu'il s'est produit la même chose durant l'antiquité, en Alexandrie. C'est le sujet même de mon *Ératosthène*, et ça recommence, de la même façon.

Les Spartacus du Net

7 octobre 2014

Vincenzo Susca organise à l'université Paul Valéry de Montpellier des séminaires de sociologie. Le dernier en date avait pour sujet « Mutation du capital, du fétichisme et des nouvelles formes de vie dans le Net ». Il m'a demandé une petite intervention, à l'improviste. Pas simple, je ne suis même pas sûr de comprendre le sujet. J'ai écrit une bafouille d'un trait, presque en automatique.

Mutation du capital

C'est quoi déjà le capital ? Si on prend le capital dans son ancienne acceptation, en gros de capital financier/productif, la mutation est plutôt bien documentée. Les riches deviennent toujours plus riches, les pauvres toujours plus pauvres, avec un écart grandissant entre les uns et les autres.

Pour la démonstration, voir Piketty. Ou la dernière étude de l'ONG Oxfram qui montre que les 67 plus riches possèdent autant que les 3,5 milliards les plus pauvres. L'année dernière, c'était les 85 plus riches qui réussissaient ce tour de force. Signification : le capital se centralise et ne se répartit pas équitablement entre tous.

Il en va de même avec le capital humain : d'un côté de plus en plus de chômeurs en même temps que des algorithmes et des robots travaillent à leur place ; de l'autre côté, les serviteurs des riches, eux-mêmes en cours d'enrichissement.

Riffkin parle d'un troisième capital, le capital social en partage, toutes ces choses qui circulent sur le Net, ou à l'aide du Net, et qui appartiennent à tous. Le domaine grandissant des biens communs.

Cette vision reste idyllique. Sans argent en partage, nous n'aurons même plus les moyens de manger, et le Net sera le dernier de nos soucis. Pour cette raison, je défends l'idée d'un revenu de base, c'est un prérequis que Riffkin et beaucoup d'ultralibéraux oublient. Si on passe sa vie à partager, on vit de quoi ?

Le Net devait décentraliser la société à tous les niveaux, il nous en donne techniquement les moyens, mais, dans la pratique, nous constatons le contraire. Les plates-formes qui facilitent le partage centralisent le Net et les revenus générés. Sous le prétexte du 2.0, elles assèchent la société en se nourrissant sur notre dos. Si leurs opérateurs croyaient vraiment au partage, ils partageraient eux aussi, mais ils ne le font pas. « Faites ce que je dis, pas ce que je fais. »

Pour le moment, le Net creuse la fracture sociale sous mes yeux atterrés.

Mutation du fétichisme

Pour moi, le fétichisme se résume à la vénération d'un fétiche, réel ou symbolique. Je n'en sais pas plus, je n'ai aucune culture dans ce domaine, j'ai tout appris dans *L'Oreille cassée* d'Hergé.

Il me semble que le XXᵉ siècle a consacré la vénération des objets, la voiture notamment. Il fallait acheter, frimer, extérioriser sa fortune.

Même si des millions de gens se précipitent pour acheter le nouvel iPhone le jour de sa sortie, ce type de fétichisme est sans doute en voie d'extinction, c'est aussi ce que dit Riffkin, études à l'appui. Posséder, ce n'est plus très classe, et même un peu ringard.

Mais le fétichisme ne s'évanouit pas pour autant. Si c'était le cas, nous aurions basculé dans un nouvel état de notre humanité. Le fétichisme se transforme plutôt. Nous sommes désormais nos propres fétiches. Les selfies par exemple. On se voue un culte à soi-même. Chacun veut exister en ligne. On nous vend de la visibilité. Tout le monde est persuadé d'avoir son heure de gloire.

C'est un mensonge propagé par les plates-formes. Elles ne nous disent jamais que «Partager sans être entendu ne sert à rien.» Le temps d'attention n'étant pas illimité, nous ne pouvons globalement être plus entendus que jadis au comptoir d'un café, donc le partage est lui-même limité dans la pratique. Je veux dire en nombre de transactions. La nature de ces transactions a beaucoup changé en revanche (elles ne sont pas limitées à une localité, à un moment, à une connaissance préalable... mais plutôt que des milliers de cafetiers se partagent les bénéfices, ils se concentrent entre quelques mains).

Le partage au sens 2.0 est donc une illusion, sauf pour quelques winners, et sur les réseaux on sait que winner-take-all : quelques gagnants tirent le gros lot. Les plates-formes les mettent en avant pour dire combien ils sont géniaux. Les promoteurs de l'Euromillion ne font pas autre chose avec leurs gagnants.

Ainsi, même dans le fétichisme moderne, nous découvrons un phénomène de centralisation, celle de la popularité globale qui occulte les anciennes popularités locales. Et qui dit centralisation, dit sans doute idolâtrie. Au fond, rien ne change. On fait peut-être même un pas en arrière, on en revient à une modalité du fétichisme plus tribale et moins capitaliste.

Nouvelles formes de vie dans le Net

De nouvelles formes, j'en vois surtout une, c'est celle proposée dans *Matrix*. Des humains transformés en centrales énergétiques pour quelques plates-formes. Où nos mouvements, nos mots, nos images, notre géolocalisation deviennent des sources de revenus, pas pour nous bien sûr.

Ce n'est pas vraiment une nouvelle forme de vie, plutôt une réinvention de l'esclavage, un esclavage le plus souvent sans conscience, et dont on ne songe pas à se libérer.

Alors le Net, plutôt que d'augmenter l'intelligence collective l'amoindrit. Tout le monde se met à cliquer pareil, à liker pareil, à aimer pareil. C'est une société de moutons de Panurge qui a d'elle-même une idée de grande diversité et donc qui s'illusionne.

Sans parler de l'addiction au regard des autres, à cette volonté d'être le fétiche d'une communauté plus grande, parce que c'est agréable, parce que quand la dose augmente on éprouve plus de bonheur (et inversement, une tristesse sans fond quand personne ne se tourne vers nous).

Il existe par chance quelques Spartacus, peu nombreux, et proportionnellement moins nombreux en même temps que le Net gagne du terrain. Les Spartacus s'opposent à la centralisation, ils militent pour le P2P, le revenu de base, le logiciel libre, une blogosphère indépendante... Ils veulent que les pauvres et les riches se rapprochent plutôt que sans cesse s'éloigner. Ils pensent que le Net peut nous y aider, que c'est une véritable arme de guerre, mais dont trop peu de gens ont trouvé la gâchette.

On a donc d'un côté l'esclave soumis, de l'autre les Spartacus, et n'oublions pas les maîtres, maîtres du capital, maîtres des plates-formes, qui ont le pouvoir de faire de nous des fétiches adulés ou de sombres merdes.

Je ne vois pas grand-chose de nouveau, en fin de compte. Un moment, on a rêvé du contraire, j'ai même écrit des livres pleins de rêves. C'était quand on croyait à la décentralisation, à un basculement de la société sur son axe, alors là oui on voyait émerger de nouvelles formes. On croyait qu'on allait tous devenir les artisans de nos vies, de nos arts, de nos pays.

Mais la centralisation est revenue casser nos espoirs. Une centralisation sans précédent dans l'histoire.

Illustration : l'affaire Snowden (Snowden nouveau fétiche d'ailleurs). L'espionnage. Tout ça, c'est possible à cause de la centralisation. C'est un truc démodé, déjà très puissant dans l'ancienne Égypte, ça a fait ses preuves, rien de nouveau ne peut advenir dans une société ainsi structurée.

Cette forme est vieille, elle a tout donné, il faut en changer, sinon je ne vois pas ce qui nous attend de bon dans les années qui arrivent (parce que nous avons besoin d'intelligence collective pour résoudre nos maux). Si on ne bascule pas vers une organisation plus intelligente, on ne réglera pas les problèmes qui nous empoisonnent et on continuera d'enterrer nos arts. Nous avons besoin de nouvelles formes de vie sur le Net, il nous reste à les inventer. En publiant cette réflexion sur mon blog, en dehors de toute recherche de légitimité, je m'y essaie.

Méfiance croissante à l'égard des militants du revenu de base

25 octobre 2014

Une belle idée peut être dangereuse. On ne devrait jamais oublier ce fait quand on se hasarde en politique. J'ai l'impression que cette histoire se rejoue sous mes yeux avec le revenu de base.

Belle idée, s'il en est. Accorder à chacun un revenu inconditionnel de la naissance à la mort. Trop belle pour certains qui s'y opposent au nom de l'autonomie. Selon eux, trop de prise en charge enfermerait les gens dans la dépendance et les priverait d'initiative. Parfois je me sens plus proche des défenseurs de ce point de vue que de celui de certains des militants du revenu de base. C'est en soi assez inquiétant. Se sentir plus d'affinité pour ses adversaires politiques que pour ses amis.

Pour moi, le revenu de base serait une mesure de dignité, une extension de l'égalité en droit, un socle monétaire minimal accordé à chacun, socle qu'il est bien difficile d'atteindre dans d'autres domaines puisque nous naissons inégaux en beauté, en intelligence, en santé, en vitalité, en rêve, en ambition... autant de différences parfois amplifiées par le lieu et le milieu de notre naissance, parfois il est vrai atténuées, ce qui dans tous les cas nous amène à devenir un et irréductible.

Cette merveilleuse diversité humaine nous garantit des rencontres étonnantes. Le revenu de base serait un levier pour augmenter la diversité, donner à plus de gens les moyens de gagner un surplus de liberté, diminuer le mimétisme, augmenter les initiatives individuelles, ce que semblent démontrer les premières expérimentations.

Mais je prends peur quand je découvre que de nombreux militants pour un revenu de base défendent en fait le salaire à vie (SAV), cette idée de Bernard Friot selon laquelle nous toucherions un salaire à partir de 18 ans, modulé selon nos compétences, avec un facteur max fixé entre le salaire minimal et le salaire maximal. Même si le SAV entrait en vigueur en France, je m'exilerais immédiatement. Parmi ce qui nous diffère les uns des autres, il existe une grande diversité d'envie, d'ambition, de volonté de puissance. La conquête de l'argent est souvent un moyen de les canaliser. Souvent même de réduire le niveau de violence dans une société. Enlevez la possibilité de surperformer financièrement et vous orientez ce flux de pulsions vers la conquête du pouvoir. Ce phénomène s'est produit dans toutes les sociétés totalitaires qui avaient plus ou moins écarté les capacités d'enrichissement individuel.

Qu'il existe des riches n'est pas une mauvaise chose. C'est quand l'écart entre pauvres et riches devient odieux qu'il faut s'alarmer. Quand la société se coupe en deux. Le revenu de base est une mesure pour élever le seuil inférieur, pas pour canaliser vers le seul pouvoir les rêves des ambitieux.

Le SAV contient en germe le totalitarisme. Des tranches de salaire en fonction des compétences. Mais qui décide ? Qui fixe les critères ? Même si les décideurs sont tirés au sort on peut douter de leur bonne foi. La volonté de puissance se glissera partout. Tout le monde sera surveillé au-delà du raisonnable, car il ne faudrait pas que nous nous enrichissions dans le secret.

Je ne veux pas d'une telle société, je ne veux pas d'un revenu de base à n'importe quel prix. Parce qu'il n'est déjà pas difficile d'imaginer qui pourrait être tenté par l'idée.

1/ Les néocommunistes.

1/ 1 Les nationalistes populistes prêts à acheter les électeurs.

1/ 2 Les capitalistes qui voient diminuer le nombre de leurs clients et voudraient relancer la croissance (une simple variation du fordisme).

En conséquence, il me paraît vital de cesser de défendre une idée œcuménique du revenu de base. Je n'ai pas envie de me retrouver dans le camp des dictateurs sous prétexte qu'un jour j'aurais défendu une idée portant le même nom que la leur. Je n'ai rien en commun avec tous ces gens.

Pour commencer, je ne suis pas un constructiviste. Je n'ai pas un plan pour la société de demain. Je me dis juste qu'avec davantage de dignité, avec un nouveau droit fondamental, celui d'un revenu indéfectible, on ouvre de nouvelles possibilités. Qu'est-ce qui en découlera je n'en sais rien, je ne veux pas le savoir. Je me place sur le terrain de l'éthique.

C'est de cette position que je condamne le privilège des banquiers à fabriquer de la monnaie. Que je voudrais que nous nous partagions ce droit... ce qui nous amènerait mécaniquement à un revenu de base.

Je ne suis pas en même temps en train de régler le problème du capitalisme. Le SAV engendrerait un capitalisme du pouvoir. Chaque chose en son temps. Donnons-nous un nouveau droit et soyons sûrs que plus rien dès lors ne sera comme avant.

Si les choses restent floues dans l'esprit des militants, si la confusion volontaire se maintient dans le but d'accroître la portée du mouvement, j'éviterai à l'avenir de parler du revenu de base, et surtout de m'en revendiquer. J'ai l'impression d'assister au parasitage d'une idée neuve par les idéologies qui ont déjà prouvé leur inefficacité, non pas parce qu'elles ont été mal appliquées, mais parce qu'elles ne prennent pas en compte notre psychologie la plus élémentaire.

REPENSER
LA GAUCHE

Qu'est-ce qui cloche
avec nous autres Français?

28 février 2016

En 2008, crise financière et renflouement des banques à coups de milliards, pas de réaction. En 2009, loi Hadopi et limitation des libertés internet, pas de réaction. En 2014, loi Cazeuneuve qui autorise notre surveillance numérique, pas de réaction. En 2015, institutionnalisation de l'état d'urgence, pas de réaction. En 2016, volonté de modifier le droit du travail et c'est une levée de boucliers. J'aimerais savoir pourquoi. Avec mes gros sabots, je vois deux familles de réponses (non exclusives l'une de l'autre).

1/ C'est la goutte qui fait déborder le vase. Trop, c'est trop. Un vent de révolte se lève.

2/ Jusque là, toutes les mesures évoquées n'affectaient pas les citoyens honnêtes et c'est différent avec le droit du travail. Quand on touche à leurs acquis, les Français se rebiffent (et, inévitablement, certains tirent des avantages personnels du mouvement populaire - ce point est très important).

Ces deux possibilités se résument par deux qualificatifs applicables aux Français:

1/ Révolutionnaires/Progressistes.

2/ Réactionnaires/Conservateurs (avec tendance collabo).

Il va de soi que la première option me séduit et que je ne peux que l'encourager (peu importe le déclencheur). Le monde avec ses problèmes nouveaux a besoin de réponses nouvelles. Il me paraît donc important de discuter de la seconde attitude, car elle est plus problématique, et symptomatique d'un mal profond.

C'est quoi le droit du travail, sinon un contrat entre un employeur et un employé, et donc le présupposé que la société est ainsi coupée en deux classes. Un révolutionnaire est conscient que cet état de fait est transitoire. Il n'a pas toujours existé (avant, c'était l'esclavage) et il n'existera pas toujours (cette notion de classe bafoue les droits de l'homme).

Le révolutionnaire est bien sûr conscient que des millions de personnes vivent sous la juridiction du droit du travail (lui-même bien souvent). Il comprend leur inquiétude. Il les encourage à se battre.

Le révolutionnaire a également compris la crise financière de 2008. Il a compris comment le gouvernement a renfloué les banques avec le *quantitative easing*, c'est-à-dire en leur ouvrant des lignes de crédit. Dit autrement, ce tour de passe-passe s'appelle la création monétaire. Beau cadeau pour les banques, soudain plus riches et qui ont alors accordé des crédits aux plus riches pour maximiser leurs rendements. Conséquence : la manne gouvernementale a creusé l'écart entre les 99 : les plus pauvres et le 1 : des plus riches (notamment les patrons).

En 2008, le révolutionnaire n'a pas compris pourquoi personne ne réagissait. Il a tout de suite vu une autre solution à cette crise : plutôt que distribuer l'argent aux banques, il suffit de le distribuer à chacun de nous. On appelle ça le quantitative easing for people, ou, plus simplement, le revenu de base. De manière inconditionnelle, nous recevons tous le surplus monétaire indispensable au bon fonctionnement de la société.

Le révolutionnaire milite donc pour l'instauration d'un revenu de base. Si tous les mois nous recevions tous de quoi nous loger et manger, nous serions beaucoup plus sécurisés, beaucoup plus libres, beaucoup plus mobiles, beaucoup plus flexibles.

Le révolutionnaire devient tout rouge quand le gouvernement au nom de la sécurité intérieure s'attache à contrôler le Net. C'est une atteinte directe au plus de liberté nécessaire pour qu'une société progressiste invente des solutions nouvelles aux maux nouveaux. Tout est lié. Tout est clair. Le gouvernement s'acharne à réduire la liberté des foules pour favoriser la caste des 1 : (nous aurons besoin de beaucoup de liberté pour créer des monnaies libres à revenu de base).

2016 arrive et survient une nouvelle attaque : réformer le droit du travail, favoriser les patrons au détriment des salariés. C'est dans la continuité, mais paradoxalement le révolutionnaire ne tique pas.

Dans la société de demain, avec le revenu de base, le droit du travail du XXe siècle n'a plus aucun sens. Il n'est même pas pertinent (avec un revenu de base, j'ai droit de dire merde quand je veux à mon patron, je ne dépends plus de lui, il est mon égal, il doit me chouchouter s'il ne veut pas que je me barre ailleurs). Si donc des gens s'énervent à ce moment précis, c'est parce qu'ils ne sont pas révolutionnaires (sinon ils auraient réagi bien avant une réforme d'un contrat déjà obsolète). Ils ne se placent pas dans la perspective du revenu de base et de la fin du *quantitative easing* pour les banques. Ils se lèvent parce que, pour la première fois, ils se sentent attaqués personnellement.

S'il y a fronde, c'est au mieux pour exprimer un mécontentement grandissant aux racines non analysées. Si nous nous dressons par millions juste pour sauver un statu quo, nous ne gagnerons rien. Nous contenter d'empêcher la réforme du droit du travail ne sera pas une victoire, mais la reconnaissance que nous avons collectivement refusé de nous battre pour les questions qui déterminent notre avenir, toutes bien plus importantes qu'un droit du travail du passé.

Attention, je ne dis pas qu'il ne faut rien faire et se taire une fois de plus. La révolte d'aujourd'hui doit être une goutte d'eau à replacer dans un contexte plus large, celui de la bataille contre les 1 :. Nous ne devons pas nous contenter de résister, il nous faut imposer des changements sans lesquels nous nous préparons des lendemains peu réjouissants, de toute évidence sous le règne du totalitarisme. Nous devons choisir la liberté de tous contre la liberté de quelques-uns.

Une fois conscients, nous pouvons manifester, faire grève. Mais prudence. Pour commencer, n'écoutons pas les conservateurs qui comme Fred Turner déclarent au sujet d'Occupy Wall Street :

On ne voyait pas de gens protester et former des partis politiques, ce qu'on voyait c'était des gens qui descendaient dans la rue pour "Occuper" en pensant : "Je vais être moi-même en public, et tout va changer"...

*Eh bien non! ... Ça n'a pas eu d'impact structurel,
parce que nous n'avons pas fait le travail politique.
Alors oui on peut dire "nous sommes les 99:, on se sent
bien, c'est super", mais ça ne change pas les institutions politiques. Et c'est une de mes peurs: je pense
qu'Occupy est une des survivances de la période du
nouveau communalisme, et du fait de s'être détourné
de la politique.*

Fred Turner demande de la politique à l'ancienne, de
bonnes vielles manifs, des épreuves de force, et pourquoi pas un peu de sang, je suppose. Nous savons à
quoi ont conduit ces méthodes : au monde dans lequel
nous vivons. Elles l'ont créé, entretenu, légitimé. Nous
devons changer nos méthodes de contestation si nous
voulons changer notre monde.

Nous n'avons pas besoin d'une grande armée uni-
fiée derrière un seul drapeau. Nous devons être innombrables et divers. C'est la seule possibilité si nous voulons
accroître notre intelligence collective. Agissons comme
hier, nous récolterons le monde d'hier ; un temps peut-
être avec l'illusion d'un mieux, mais pour aussitôt voir
ressurgir les mêmes problèmes (d'autant que les problèmes globaux n'attendent pas pour s'aggraver).

La révolte doit être autant collective qu'individuelle.
Elle ne doit pas être dirigée par un leader (personne ne
tire profit d'une révolte décentralisée contrairement
aux anciennes modalités centralisées), elle ne doit pas
avoir de porte-parole (et tous ceux qui endossent déjà
ce rôle symbolisent l'ancien monde, ils jouent dans
le camp des 1: avec l'espoir d'y accéder, le conservatisme est leur terroir — voilà pourquoi je les traite de

collabos). Face au gouvernement, nous devons tous nous dresser, chacun où nous serons les plus efficaces. Nous pouvons occuper l'espace social, nos rues, nos lieux publics, nos transports publics, nos réseaux de communication. Nous pouvons montrer notre refus et exiger des changements, et surtout pas nous contenter d'une simple reculade (qui serait la victoire d'un parti pire que celui au pouvoir).

Résumé :

1/ Les conservateurs manifesteront contre la réforme du droit du travail et en faveur du monde d'hier.

2/ Les révolutionnaires occuperont la société pour parler des véritables réformes qui nous feront regarder demain avec des yeux brillants.

Occupy Wall Street n'a rien donné que pour les aveugles. Opération de terrain après opération, nous inventons une méthode pacifique pour transformer le monde. Derrière le barrage l'eau s'accumule peu à peu. Ne cherchons pas à mesurer nos avancées en termes de victoires ou de défaites. Nous avançons vers un monde plus qualitatif et les qualités ne se mesurent pas, elles s'éprouvent.

Je n'ai écrit ce texte que pour montrer que le soulèvement esquissé à ce moment précis et pour les raisons évoquées est de nature réactionnaire plutôt que révolutionnaire. Peut-on passer de la réaction à la révolution constructive ? J'en doute. La réaction amène souvent toujours plus de conservatisme (et d'extrémisme).

Pour que le mouvement naissant entre dans l'histoire, il doit, à partir d'une goutte de trop, briser le barrage en se saisissant des idées nouvelles, avec une perspective heureuse pour nous tous. Il doit oublier ses prémices conservatrices pour rejoindre la révolution.

OnVautMieuxQueÇa : explication de texte

29 février 2016

Quand je parle de politique, j'ai l'impression que seulement de rares olibrius me comprennent. Les autres, parce que je ne me range ni dans leur camp ni dans celui de leurs adversaires, se contentent de se moquer avec dédain, sans chercher à écouter mes arguments (parce qu'ils ne sont ni les leurs ni ceux de leurs adversaires).

On pourrait définir le libéralisme économique par «Maximiser la liberté de quelques-uns au détriment de celle de tous les autres.» Avec pour postulat que «Maximiser la liberté de quelques-uns finit par maximiser celle de tous.» Ce qui est faux comme Pikkety l'a montré. Je suis donc contre le libéralisme économique et toutes les mesures qui s'en revendiquent de près ou de loin. Une mesure me paraît juste et nécessaire si elle maximise également la liberté de tous.

Ainsi, en 2008, j'ai été contre le *quantitative easing* qui en sauvant les banques nous a tous appauvri. J'ai été contre Hadopi parce que cette mesure, pour défendre les majors de la musique et du cinéma, réduit notre liberté d'échanger des fichiers. J'ai été contre la loi renseignement parce qu'elle maximise la liberté de la police et non celle des citoyens. Je suis contre la réforme du droit du travail parce qu'elle maximise la liberté des patrons et non celle des employés. J'espère que c'est clair.

Être contre cette réforme ne m'empêche pas de me demander pourquoi cette dernière déclenche une vive réaction contrairement à toutes celles qui ont précédé. Je vois bien qu'elle touche au cœur tous les salariés. Je comprends leur réaction. Je ne la réprouve pas, d'autant moins qu'elle s'inscrit dans mon propre combat.

Simplement, j'ai tenté de montrer que la grogne provoquée par la réforme du droit du travail naissait d'un mouvement conservateur plutôt que réformateur (sinon ce mouvement se serait manifesté bien plus tôt lors des batailles antérieures alors menées par très peu de citoyens).

Il me paraît donc important que la grogne soulevée par une réforme libérale gagne au plus vite le terrain progressiste. Si elle se limite à dire non, jouant un simple bras de force sans lendemain, il n'en résultera rien de bon. Au mieux, une belle énergie sera gaspillée qui aurait pu servir à mener des combats fondamentaux comme le droit à un revenu de base pour tous. Au pire, elle entraînera notre pays vers davantage de conservatisme, et donc davantage de restrictions de liberté.

On m'a dit que pour aller de l'avant il fallait d'abord assurer ses arrières. En gros : menons bataille après bataille. Sauf que vous ne vous êtes pas mêlés aux combattants lors des échéances antérieures, certes plus abstraites, moins immédiatement sociales, mais tout aussi fondamentales. Permettez-moi de douter de votre théorie.

Il est facile de voir dans la révolte actuelle une simple réaction égoïste. « On touche à ma maison, je ne me laisserai pas faire. » Sauf qu'avant on y a touché tout autant à la maison, en sapant ses fondations en profondeur.

Je n'ai rien contre à ce que la grogne commence par une réaction d'amour propre teintée d'égoïsme, il est surtout important de l'anoblir, de lui donner l'ambition d'un combat d'envergure et de dépasser la défense des acquis. Il faut en faire la goutte qui fait déborder le vase et non une simple escarmouche.

Oui, j'ai peur que la grogne ne soit qu'une nouvelle démonstration du conservatisme français. J'ai peur qu'elle nous entraîne très bas, vers des idéologies péri-mées. Je n'écris ces lignes que pour inviter à la prise de recul. Dans ces moments, je me sens très seul.

Lettre ouverte aux gens de gauche

3 mars 2016

Quand nous arriverons à mieux nous définir politiquement, nous arriverons à nous retrouver, à nous rassembler et à agir ensemble avec cohérence. Pour le moment, les choses sont plutôt confuses. Il est peut-être temps de refonder ce qu'est la gauche comme la droite d'ailleurs.

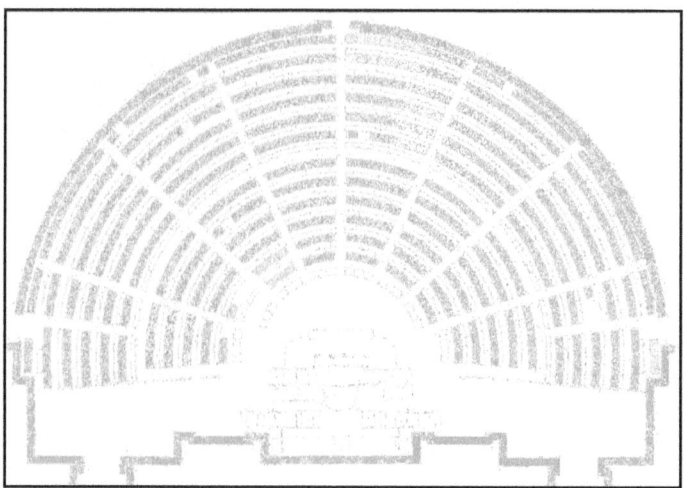

Une parenthèse. Les notions de gauche, de centre et de droite découlent de la forme de l'hémicycle à l'Assemblée nationale. Dans un futur encore utopique où l'ensemble du peuple déciderait de ses lois, selon un processus consensuel plutôt que majoritaire, dans un futur où nous aurions dépassé le modèle représentatif, l'hémicycle disparaîtrait ainsi donc que la gauche et la droite.

Si nous nous plaçons dans une perspective de progrès social, nous devons donc entendre gauche comme droite dans un cadre nouveau qui ne nous enferme pas dans le modèle actuel mais qui l'englobe avec la possibilité de le dépasser.

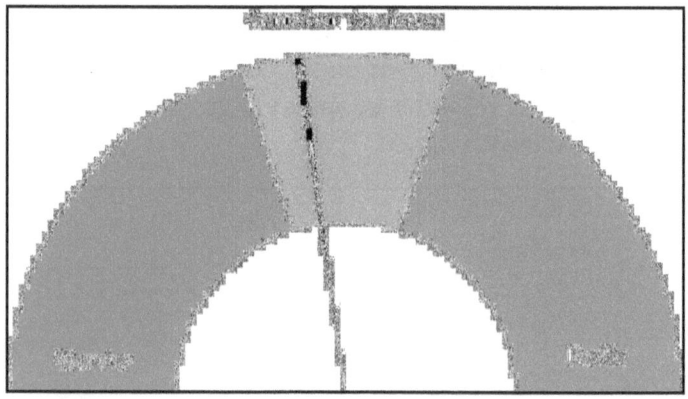

À la place de l'hémicycle, on peut imaginer une sorte de compteur qui mesure le positionnement des citoyens par rapport à une valeur clivante. Si donc le compteur mesurait la vitesse, nous aurions une gauche vers les petites vitesses, une droite vers les grandes vitesses. Nous roulerions à la vitesse qui nous conviendrait, l'aiguille indiquant notre position.

Je suggère une valeur clivante: la liberté.

La droite et la gauche ne l'entendent pas de la même façon. Beaucoup de gens à droite supposent que nous disposons tous d'un même degré de liberté et que nous en usons à notre guise, ce qui implique, je caricature, que les chômeurs l'ont bien cherché (et les pauvres aussi). S'ils ne travaillent pas, c'est de leur faute (s'ils ne gagnent pas plus, aussi). Les droitistes ont une notion presque idéale de liberté (comme tombée du ciel et il est alors logique que les gens de droite soient souvent plus religieux que ceux de gauche).

À gauche, on est plus pragmatique. De nombreux déterminismes sociaux contraignent la liberté. Mère dépressive, père alcoolique ne donnent pas autant de chances que des parents cadrent sup. Nous ne sommes libres que dans une certaine mesure et la société dans son ensemble doit compenser les coups du sort.

On pourrait dire qu'à droite on s'intéresse à la liberté de chacun, à gauche à la liberté de tous. À droite, on se place tour à tour dans la peau de chacun des citoyens. Il existe donc une liberté du patron très différente de la liberté de l'employé. À gauche, on cultive une approche plus globale : les patrons et les citoyens sont égaux en droits et devoirs.

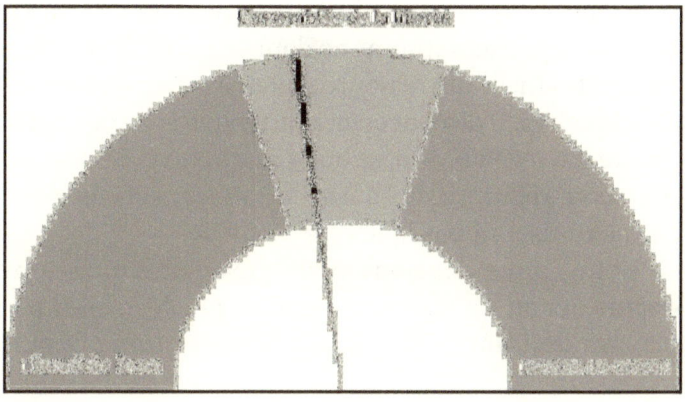

Selon ce clivage, je me définis à gauche sans la moindre hésitation, alors que je suis incapable de trouver ma place dans l'hémicycle actuel.

Dans la perspective du compteur liberté, il existe un test pour déterminer la position d'une mesure politique. Si elle maximise la liberté de quelques-uns au détriment de celles de tous, elle est de droite. Par exemple, une réforme du droit du travail qui favorise les patrons et non les employés est de droite. Inversement, l'instauration de la sécurité sociale ou de l'éducation pour tous sont typiquement des mesures de gauche.

Ce test me paraît simple. On peut ainsi constater que pratiquement toutes les mesures sous la présidence de François Hollande sont de droite.

1/ Elles ne bénéficient qu'à quelques-uns et nuisent à la plupart des autres.

2/ Elles impliquent une diminution de nos libertés (loi renseignement par exemple).

Cette approche de la gauche et de la droite, sans jeter à la mer les anciennes valeurs de gauche, les remet en perspective dans un cadre ouvert à l'innovation sociale. Il devient ainsi logique de militer pour le revenu de base, puisqu'il ambitionne de donner à tous de manière inconditionnelle des ressources pour assurer ses besoins élémentaires. Il devient en même temps facile de rejeter les pseudo revenus de base qui, sous prétexte de donner, d'un côté réduirait de l'autre certains acquis (et donc ne maximiserait pas la liberté de tous).

Enfin, nous devrions nous poser une question : depuis quand un gouvernement de gauche n'a-t-il pas pris une décision maximisant la liberté de tous ? Depuis très longtemps parce que la gauche a perdu toute assise idéologique.

Notes

1/ À l'extrême droite de mon compteur, on pense que l'État est inutile et que chacun doit se débrouiller seul. À l'extrême de cet extrême, un seul pense que pour maximiser sa liberté, il doit réduire celle de tous les autres. C'est la dictature.

2/ Avec le communisme, l'État pense à la place des citoyens, il se confond avec le un tout-puissant de l'extrême droite.

3/ Une mesure en faveur des plus précaires est de gauche. Si elle est favorable à une minorité, elle ne nuit pas pour autant à la majorité.

4/ Le droit au chômage est de gauche parce que nous pouvons tous nous retrouver au chômage. Cette mesure sécurise et augmente donc la liberté de tous. Un droitiste argumentera qu'en payant pour les autres il voit sa liberté réduite. Plutôt que raisonner à l'échelle collective, il regarde dans son jardin, oubliant qu'un jour peut-être il sera malade ou que ses enfants iront à l'école.

5/ Un droitiste n'aura aucun scrupule à favoriser la liberté de quelques-uns, par exemple les patrons avec l'espoir qu'ils relanceront l'économie et accroîtront le PIB de la nation. C'est une approche réfutable en théorie et par l'expérience.

En politique, Dieu, c'est nous

11 mars 2016

Si nous voulons que le monde change, nous avons deux possibilités non exclusives : 1/ exiger que ceux au pouvoir agissent dans un sens qui nous séduit ou 2/ essayer à chaque seconde de nos vies de nous grandir.

J'ai depuis longtemps renoncé à la première approche qui elle-même peut se décliner en deux versions : 1A/ empêcher les gens au pouvoir d'aller dans une direction ou 1B/ voter pour ceux qui nous promettent d'aller dans une autre.

L'empêchement et la résistance sont souvent salutaires, tant les reculades politiques sont fréquentes pour la simple raison que les politiques aiment le pouvoir, qu'ils ont besoin de financements, de soutiens, et que ces soutiens ne sont jamais ceux de la majorité, mais de quelques privilégiés qui ne partagent pas avec elle ni les mêmes objectifs ni les mêmes intérêts.

Face à un pouvoir, le plus souvent, on ne peut que s'opposer. Malheureusement, cette opposition systématique ne nous fait guère avancer, sinon après des flambées de violence, éteintes par quelques concessions.

Cette méthode politique erratique, exigeant des mouvements de foule, implique la défense d'idées simples, de progrès pas-à-pas, mais chacun très espacé dans le temps, de telle façon qu'à l'échelle d'une vie il ne se passe pas grand-chose de mémorable.

Si je veux voir les choses changer vite, je dois donc les changer dans ma propre vie. Pour commencer, je dois débattre, lire, réfléchir, m'installer dans l'Histoire pour accroître ma conscience qui sinon me laisse comme un enfant entre les mains de quelques communicants politiques, prêts à me transformer en soldats.

Une fois ainsi dotés d'une conscience politique, une fois intelligents des valeurs à défendre et de celles à conquérir, nous pouvons tenter d'organiser notre vie en conséquence. Faute de ce travail, d'innombrables collabos continuent de travailler pour l'industrie de l'armement, pour les banques, pour les pollueurs en tout genre, pour des ONG qui dépensent tout leur argent pour leur administration...

Nous avons un réel pouvoir de changement pour peu que nous en prenions conscience, surtout pour peu que nous prenions conscience qu'il n'y a guère d'autres possibilités. Alors quand nous nous opposons à un gouvernement, nous ne pouvons jamais le faire sans proposer, parce que, par notre réflexion et nos actes au quotidien, nous savons vers où nous diriger. Quand nous nous contentons de dire non, nous nous opposons pour rien, nous avouons notre désarroi, notre fragilité, et nous nous condamnons à perdre la bataille, parce qu'en face les idées sont bien plus claires (et toute victoire n'est qu'illusoire et temporaire).

Nos combats doivent s'inscrire dans la maximisation de la liberté de tous et non de quelques-uns. Quand une partie de la population se bat simplement contre une réforme qui la concerne, elle agit égoïstement et non politiquement. Il existe toujours des combats supérieurs qui, en résolvant la crise passagère, la généralisent pour que sa solution devienne universelle.

Exemple : un gouvernement propose une réforme du droit du travail d'inspiration libérale, qui sert les patrons au détriment des salariés. Il faut s'y opposer parce qu'elle ne maximise pas la liberté de tous. Mais les salariés ou futurs salariés ne peuvent pas davantage se contenter de dire non, dans l'espoir de maintenir leur niveau de liberté, oubliant que beaucoup d'autres citoyens ne sont pas salariés. Il faut donc répondre par une proposition qui dépasse la problématique étriquée instiguée par le gouvernement. Dans ce cas, exiger le revenu de base inconditionnel me paraît évident, puisqu'il profiterait à tous, et en particulier aux salariés à qui la flexibilité ne ferait plus peur puisqu'ils auraient une garantie de sécurité, garantie qui leur donnerait un grand pouvoir par rapport aux patrons, sans pour autant que ceux-ci se trouvent excessivement contraints, bien au contraire.

En attendant, et depuis pas mal d'années maintenant, je m'efforce de vivre comme si les changements que je voulais voir dans le monde étaient déjà survenus. Quand j'écris Le geste qui sauve, je l'offre, comme si déjà je touchais un revenu de base. Plutôt que travailler pour des patrons et très bien gagner ma vie, j'ai réduit la voilure pour être indépendant et ignorer leur dictature.

Je sais que j'ai de la chance. Que l'usage de la liberté exige un long apprentissage, mais je vois des jeunes, des vieux, des riches et des pauvres faire les mêmes choix que moi et en être plus heureux. Il suffit d'avoir conscience en sa propre puissance politique et cesser de la déléguer à des imbéciles qui se moquent bien de notre bonheur, et encore moins de celui de la planète.

Parler de ces choses, c'est faire de la politique, peut-être bien plus radicalement qu'en descendant dans la rue. À force de parler et d'agir à mon échelle, j'ai vu autour de moi, et au loin sur le Net, des gens augmenter leur niveau de conscience et changer leur mode de vie. Notre façon d'agir opposée au glamour des flamboiements médiatiques n'en est pas moins de plus en plus largement partagée. Nous devons croire en notre pouvoir. En politique, Dieu, c'est nous.

Imprimé le 28 août 2016.

www.ingramcontent.com/pod-product-compliance
Lightning Source LLC
Chambersburg PA
CBHW050444290526
45786CB00006B/2161